Unsere … en: MEHR ALS NUR PAPPE!

STOPP – bitte noch nicht umblättern! Bevor Sie sich in Ihre Unterrichtsvorbereitung stürzen, nehmen Sie sich zwei Minuten Zeit und lesen eine kurze Einführung in die Welt der Papphefter vom Verlag an der Ruhr. Denn nur so haben Sie immer alle Vorteile im Blick:

... man findet sie in jedem Regal – ob zu Hause oder im Lehrerzimmer
... sie sind immer schnell zur Hand
... sie liefern jederzeit Ideen, kompakt, aber vielfältig
... sie passen in jede Lehrertasche
... sie sparen Zeit und schonen die Nerven
... sie sind beliebig zu ergänzen und zu sortieren
... sie schonen die Umwelt
... sie sind kreativ, innovativ und absolut praxisnah!

Ab jetzt mit neuem Verschluss

Ab sofort können Sie Ihre Kopiervorlagen spielend leicht aus dem Papphefter herausnehmen. Dank der raffinierten Konstruktion lässt sich jede Seite schnell entnehmen, ohne weitere Blätter lösen zu müssen.

1. LOSMACHEN

2. BLÄTTERN

3. ÖFFNEN

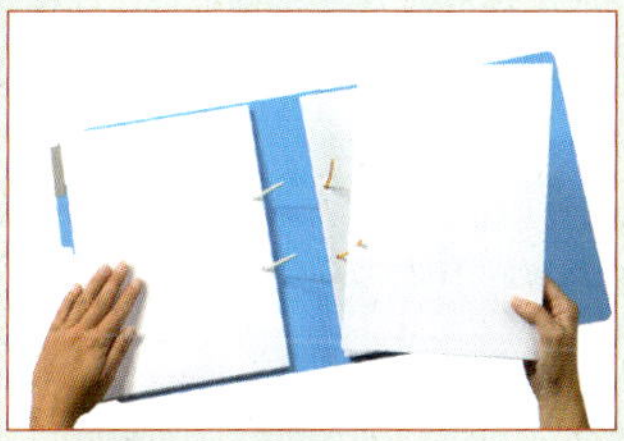

4. HERAUSNEHMEN

5. EINFÜGEN

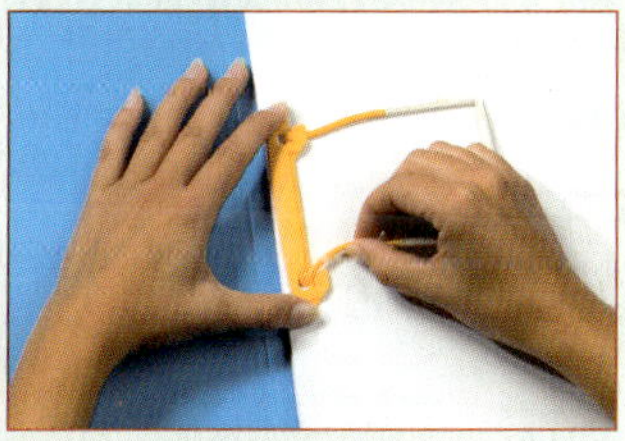

6. SCHLIESSEN

WUSSTEN SIE SCHON ...

... dass statistisch betrachtet jeder 2. Lehrer mind. einen Papphefter besitzt?
... dass sich derzeit ca. 1.750.000 Papphefter im Umlauf befinden und dass man, wenn man alle Papphefter hintereinander legt, zweimal das Ruhrgebiet umkreisen könnte?
... dass unsere Papphefter seit 25 Jahren treue Begleiter des Schulalltags sind – und dabei immer wieder mit neuen Ideen überraschen?
... dass die durchschnittliche Haltbarkeit eines Pappheftes 10 Jahre beträgt?
... dass sich unsere Pappen auch hervorragend als Sitzunterlage beim Grillen, als Tablett oder Untersetzer, Sonnenschutz oder Fächer beim Schulfest sowie als Sichtschutz bei Klassenarbeiten eignen?

KOPIERSCHUTZ

Mit diesem Papphefter erwerben Sie das Recht, die Kopiervorlagen aus dem Inhalt für Ihren eigenen Unterrichtsgebrauch in Klassensatzstärke zu vervielfältigen. Dies schließt die Weitergabe innerhalb des Kollegiums nicht mit ein. Wenn Sie von diesem Papphefter überzeugt sind, freuen wir uns, dass Sie Ihren Kollegen gegenüber eine Empfehlung aussprechen. Bitte geben Sie die Unterlagen nicht zum Kopieren weiter. Schützen Sie das Urheberrecht. Dies ermöglicht uns auch weiterhin, gute Materialien für Sie zu erstellen. Bitte beachten Sie dazu auch unsere Angaben im Impressum oder informieren Sie sich auf **www.schulbuchkopie.de**

RELIGION

Eva Weber

Kinder entdecken Geschichten von Jesus

Eine Unterrichtsreihe zum Sofort-Loslegen

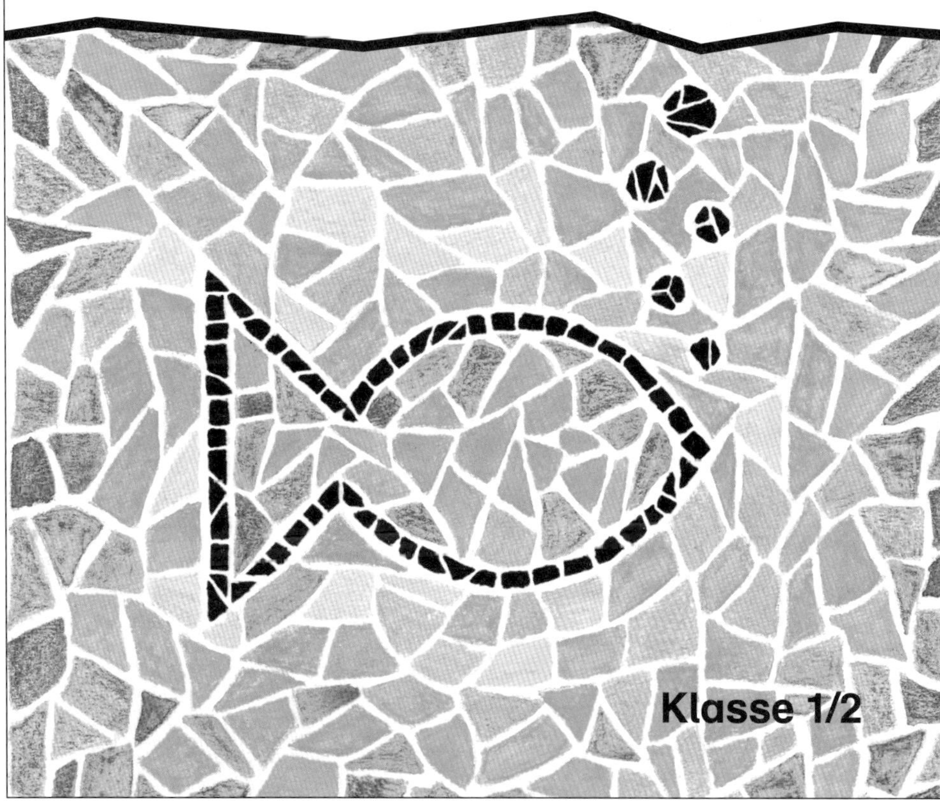

Verlag an der Ruhr

Titel
Kinder entdecken Geschichten von Jesus – Klasse 1/2
Eine Unterrichtsreihe zum Sofort-Loslegen

Autorin
Eva Weber

Titelbildmotiv
© Senja – Fotolia.com

Illustrationen
Astrid Wilkesmann u.a.
Mandalas auf S. 43 und 69 mit freundlicher Genehmigung von Wolfgang Hund

Fotos (Fotolia.com)
S. 18: (Füße) © Hans-Jürgen Krahl; S. 23: (Familie) © goodluz, (Mond) © dabobabo; S. 24: (Gewitter) © doerrenhaus, (Kind) © pegbes; S. 25: (Diebstahl) © Image Source IS2, (Mädchen) © altanaka; S. 26: (Hund) © Weigel; S. 32: (Piktogramme: o.l., o.m., u.l., u.m., u.r.) © leremy, (Piktogramm: o.r.) © Dejan Jovanovic; S. 42: (Kind) © udra11; S. 67: (Umarmung) © Daria Filiminova, (Mutter und Tochter) © Ilike, (Kanufahren) © Olga Lyubkin, (Vater, Tochter) © Monkey Business, (Kinderkette) © rubysoho; S. 68: (Abstrakt) © bittedankeschön; S. 69: (Hände-Foto) © Dron, (Zeichnung Hände) © tribalium81

Verlag an der Ruhr
Mülheim an der Ruhr
www.verlagruhr.de

Geeignet für die Klassen 1–2

Unser Beitrag zum Umweltschutz:
Wir sind seit 2008 ein ÖKOPROFIT®-Betrieb und setzen uns damit aktiv für den Umweltschutz ein. Das ÖKOPROFIT®-Projekt unterstützt Betriebe dabei, die Umwelt durch nachhaltiges Wirtschaften zu entlasten.
Unsere Produkte sind grundsätzlich auf chlorfrei gebleichtes und nach Umweltschutzstandards zertifiziertes Papier gedruckt.

ISBN 978-3-8346-2317-1

Druck: Druckerei Uwe Nolte, Iserlohn, DE

Geschichten von Jesus hautnah erleben

Als ich meine beiden Söhne Paul (8 Jahre) und Jonathan (6 Jahre) fragte, was ihnen zu „Jesus“ einfalle, erhielt ich folgende Antworten:
„Hat Sandalen an; er liebt Menschen; Gottes Sohn; er heilt Menschen; hat am 24. Dezember Geburtstag; er ist unsichtbar wie der Pumuckl, aber er ist trotzdem da; ich kann mit ihm im Bett reden – aber eigentlich auch überall; wir feiern Ostern, weil Jesus auferstanden ist; hat lange Haare; er ist nett zu den Kindern; ist in Bethlehem geboren; er hatte Jünger (manche davon waren aber auch älter); den blinden Bartimäus hat er wieder zum Sehen gebracht.“ Ich war erstaunt (und als Religionslehrerin auch erfreut), wie vielfältig ihre Antworten ausgefallen sind – zum einen ihre konkrete Vorstellung zum Aussehen Jesu, zum anderen auch das Wissen zu Geschichten rund um Jesus. Dass dann zusätzlich noch die Antworten „Gottes Sohn“, „er ist unsichtbar, aber trotzdem da“ und „ich kann mit ihm reden“ fielen, hat sicher viel damit zu tun, dass meine Söhne christlich sozialisiert sind.

Mein Wunsch ist es, auch bei meinen Schülerinnen und Schülern, die oft nicht in einem christlichen Umfeld aufwachsen, genau dieses zu erreichen: dass sie **eine konkrete Vorstellung von Jesus** bekommen – von seinem Handeln, seiner Art und seiner großen Liebe zu uns Menschen und speziell zu den Kindern. Dass diese Liebe für die Kinder auch heute noch erfahrbar ist, möchte ich mit meinen Unterrichtsstunden kindgerecht auf kreative und emotionale Weise erlebbar machen.

Wegweisender Religionsunterricht

Religionsunterricht, der wegweisend ist – so stelle ich mir einen guten Religionsunterricht vor. Wie schade ist es, wenn so ein wertvoller Unterricht wie der Religionsunterricht nur ein Mal- bzw. Ausmalunterricht ist. Dabei bietet er so große Chancen, den Kindern wirklich etwas für ihr Leben mitzugeben – vielleicht sogar so intensiv, dass sich die Kinder auch im Erwachsenenalter noch an einzelne Stunden und deren Inhalte erinnern und davon profitieren können. Doch wie erreiche ich dies als Lehrperson?
Indem ich meinen Religionsunterricht genau unter die Lupe nehme: Ist er noch zeitgemäß? Vermittle ich den Kindern Glaubensinhalte, die sie auch wirklich zu einer eigenen Auseinandersetzung mit dem Glauben und mit Gott einladen? Ist mein Unterricht innovativ (und zwar jedes Mal)?
Manch einer mag spätestens hier sagen: Sich jedes Mal einen Super-Unterricht ausdenken und halten, das kann ich nicht leisten.

Hier möchte ich mit meinen Stundenentwürfen ansetzen:
Denn es ist möglich, **jede Religionsstunde (auch ohne großen Vorbereitungsaufwand)** zu einer Unterrichtsstunde werden zu lassen, die sowohl **den Schülerinnen und Schülern**, aber auch Ihnen als Lehrperson **Spaß bereitet und die vor allem wegweisend ist für das Leben der Kinder.**

Zum Ablauf meiner Unterrichtsstunden

Ich bin mir sicher, dass Sie für Ihren Unterricht schon bestimmte **Anfangs- und Schlussrituale** gefunden haben.
Trotzdem möchte ich Ihnen von meinen Ritualen erzählen. Vielleicht können sie Anregungen für Ihren Unterricht sein. Gerade die „Minute Ruhe“ (s.u.) kann ich Ihnen wärmstens empfehlen. Sie werden begeistert sein und sie nicht mehr missen wollen.

Der Anfang jeder Stunde

Meine Stunden beginnen nun schon seit mehreren Jahren mit dem Anzünden der Klassenkerze und **„einer Minute Ruhe“**. Bevor ich also die Kinder begrüße, warte ich, bis alle ruhig sind, schlage dann auf meine Triangel und spreche: „Ich schenke dir und mir eine Minute Ruhe“. Natürlich muss diese Minute mit jeder neuen Klasse geduldig eingeübt werden, eventuelles Kichern ist dabei völlig normal. Doch wenn die Kinder es dann gewohnt sind, wirklich eine Minute absolute Stille auszuhalten, so ist es sowohl für sie als auch für die Lehrperson eine richtige Wohltat, sei es zum gedanklichen Ankommen im Unterricht, sei es auch einfach mal zum Genießenkönnen des Nichtstuns im Unterricht. Der Klang der Triangel beendet schließlich die Minute Ruhe, und ich begrüße meine Schüler/innen und Schüler.

Einstieg

Direkt nach dem Anfangsritual singen wir unser Themenlied. Anschließend wird durch einen Impuls das Gelernte der vergangenen Stunde wiederholt.

Begegnung

Nun begegnen die Schülerinnen und Schüler dem neuen Thema auf ganz unterschiedliche Weise, zum Beispiel anhand eines Bildes, durch ein Bodenbild, welches wir gemeinsam entstehen lassen, oder auch mal durch eine Provokation oder, oder, oder ...

Vertiefung

Im Vertiefungsteil haben die Kinder meist durch angeleitete Gespräche (Impulse hierfür sind in meinem Material für Sie als Lehrperson durch kurze Sätze oder Stichpunkte aufgeführt) die Gelegenheit, das Gelernte zu verinnerlichen und zu vertiefen.
In meinen Unterrichtsskizzen werden Sie sehen, dass sowohl der Begegnungsteil als auch der Vertiefungsteil oft im Sitzkreis stattfindet. Hier möchte ich Sie bitten, selbst zu entscheiden, ob Sie diese Sozialformen so übernehmen wollen oder ob Sie zurzeit eine Lerngruppe haben, die öfters einmal einen Sozialwechsel benötigt.

Sicherung/Gestaltung

Die Sicherung findet häufig in Form eines gut durchdachten Hefteintrags statt, den ich als **Heftwerkstatt** bezeichne. Der Name Heftwerkstatt kann wörtlich genommen werden, denn hier sollen die Schülerinnen und Schüler noch einmal aktiv und mit Spaß das Gelernte verarbeiten. Natürlich kann die Sicherung auch mal eine Bastelarbeit oder einfach nur eine gemeinsame Erfahrung sein, die die Kinder auf emotionaler Ebene berührt.

Das Ende jeder Stunde

Am Ende treffen wir uns alle, einander an den Händen fassend, im Stehkreis. Ich spreche einen Segen aus über die Kinder („Gott segne euch, bis wir uns wieder sehen."), und sie spüren, dass ich es ernst mit diesem Segen meine – er ist nicht einfach so dahergesprochen. Natürlich muss mit den Kindern besprochen werden, was „Segen" überhaupt bedeutet (Gott ist bei dir, er beschützt dich, er lässt dich nicht allein). Dann wird die Klassenkerze ausgeblasen – der Unterricht ist zu Ende.

Anmerkungen

Der Einfachheit halber habe ich in diesen Materialien zu folgenden Begriffen Abkürzungen gewählt:

Einzelarbeit: **EA**
Partnerarbeit: **PA**
Gruppenarbeit: **GA**

Als Heft für die Schülerinnen und Schüler habe ich das **Blanko-Heft** in DIN-A4-Größe gewählt, da es sich auf einer komplett weißen Seite schöner gestalten lässt. Für die Überschriften brauchen gerade Erst- und Zweitklässler jedoch noch Linien, um ein sauberes Schriftbild zu erzielen. Aus diesem Grund habe ich immer ein Kästchen dabei mit zurechtgeschnittenen **Blanko-Linien**, die die Kinder dann zu ihrer Gestaltung im Heft dazukleben, um darauf ihre Überschrift zu schreiben. Durchgängig benötigen die Kinder Scheren, Klebstoff und Farbstifte.

Gerade am Anfang des Schuljahres sind die **Erstklässler** noch nicht ausreichend fit im Schreiben. Deshalb liegen zu jeder Unterrichtsstunde entsprechende **Textstreifen** für das Heft vor, die von den Kindern dann nur noch eingeklebt werden müssen. Sollten Erst- und Zweitklässler in einer jahrgangsübergreifenden Klasse gemeinsam unterrichtet werden, so bekommen die Zweitklässler Blankolinien, während den Erstklässlern die entsprechenden Textstreifen ausgeteilt werden.

Vielfach finden Sie in diesen Materialien **Lehrererzählungen**. Diese werden für die Schüler lebendiger, wenn Sie sie relativ frei vortragen. Alle Texte können aber auch ohne weiteres vorgelesen werden. **Materialien für Lehrer** erkennen Sie an der **grauen Überschrift**. **Texte für Kinder** haben eine **schwarze Überschrift**.

Ich bin mir sicher, dass dies oder jenes vielleicht mit Ihrer jetzigen Lerngruppe ein wenig anders durchgeführt werden muss oder dass Sie eine Sache vielleicht abändern möchten.

Scheuen Sie sich nicht, meine Unterrichtsideen für Ihren Unterricht anzupassen.

Ich wünsche Ihnen und Ihren Schülern viele schöne und erfolgreiche Stunden mit diesen Materialien.

Eva Weber

Textstreifen für die gesamte Unterrichtseinheit

Die Textstreifen werden eingesetzt, wenn die Kinder noch nicht alle Buchstaben können oder wenn Zeit gespart werden soll. Jeder Textstreifen wird in den jeweiligen Wegstreifen geklebt.

Das Land, in dem Jesus lebte, heißt heute Israel.	Stunde 1 Seite 8
Damals war vieles anders als heute.	Stunde 1 Seite 8
Lasst uns mit Jesus gehen.	Stunde 2 Seite 15
Jesus ist Gottes Sohn. Deshalb hat er die Macht, den Sturm zu beruhigen.	Stunde 3 Seite 19
Bartimäus kann wieder sehen. Jesus hat sein trauriges Herz fröhlich gemacht!	Stunde 5 Seite 28
Jesus ist so gut und so mächtig. Er hat den gelähmten Mann wieder gesund gemacht.	Stunde 7 Seite 33
Jairus bittet Jesus für seine Tochter. Jesus besiegt den Tod!	Stunde 9 Seite 38
Jesus liebt Zachäus so, wie er ist. Zachäus erkennt, dass er sein Leben in Ordnung bringen muss.	Stunde 11 Seite 44
Ich bin so geliebt, wie ich bin!	Stunde 11 Seite 44
Gott lässt mich nicht im Stich, auch wenn ich mich manchmal nicht richtig verhalte.	Stunde 14 Seite 54
Ich störe Jesus nicht! Ich darf IMMER zu ihm kommen!	Stunde 15 Seite 57

Titelblatt für die Heftwerkstatt

1. Israel zur Zeit Jesu

Unterrichtliches Handeln	Sozialform	Medien
Vorbemerkung: Diese Stunde wird zwei Unterrichtsstunden in Anspruch nehmen.		
Einstieg		
→ Israelische Musik → Impuls: **Diese Musik klingt ganz anders als die Musik, die wir gewohnt sind** … Kinder äußern sich spontan (Melodie klingt anders, Sprache ist fremd …)	Sitzkreis	Israelische Musik – *z.B. Hevenu shalom alejchem (S. 9) von CD oder unter www.youtube.de*
Begegnung		
→ Impuls: **Ich möchte euch heute in ein Land mitnehmen, in dem Jesus gelebt hat. Das Land heißt heute Israel. Bestimmt hast du von Israel schon mal gehört** … Kinder antworten (kurzes Gespräch, in dem die Kinder ihr Vorwissen einbringen) → Impuls: **Als Jesus gelebt hat, war vieles anders als bei uns heute. Das liegt daran, dass es auch heute in Israel ganz anders aussieht als in Deutschland. Es liegt aber auch daran, dass Jesus vor über 2000 Jahren gelebt hat und dass damals die Menschen ganz anders gelebt haben als wir heute.** → Mit Kindern Fragen sammeln: Was interessiert mich an dem Land und an der vergangenen Zeit?	Sitzkreis	
Vertiefung		
→ Werkstattarbeit: 1. Kleidung 2. Landschaft 3. Wohnen 4. Berufe → Mit den Kindern werden die einzelnen Arbeitsblätter besprochen. → Beim Besprechen unbedingt kurze Hintergrundinformationen geben (siehe Gesprächsanregungen S. 10)!	Plenum	Arbeitsblätter (S. 11–14) – *am Pult Lösungsblätter oder im Idealfall die fertige Heftdoppelseite bereitlegen, damit die Kinder selbstständig kontrollieren können* –
→ Die Kinder arbeiten leise an den Arbeitsblättern. → Die Lehrperson kontrolliert immer wieder, ob die kleinen und großen Bilder einander richtig zugeordnet worden sind.	EA oder PA	Klebstoff, Schere
Sicherung/Gestaltung		
→ **Heftwerkstatt** (insgesamt vier Seiten, die erste für das Titelblatt freilassen): Jedes Kind bekommt zwei Wegstreifen, die über die ersten beiden Seiten am unteren Rand ins Heft geklebt werden. → Auf den linken Wegstreifen schreiben: **Das Land, in dem Jesus lebte, heißt heute Israel.** Auf den rechten Wegstreifen schreiben: **Damals war vieles anders als heute** (oder alternativ als Textstreifen). → Über die drei Seiten werden die Ergebnisse der Werkstattarbeit geklebt: Anziehfigur, Haus, Berufsbilder, beide Landschaftsbilder → Für schnelle Kinder: Bilder können angemalt werden	EA	Heft, Klebstoff, Schere, Ergebnisse der Werkstattarbeit, zwei Wegstreifen für jedes Kind (S. 9), evtl. Textstreifen (S. 6)
→ **Titelblatt:** Wir machen uns mit Jesus auf den Weg (wird von den Kindern ausgemalt, sobald sich in den folgenden Stunden ein Zeitfenster erschließt, oder als HA)		Titelblatt (S. 7) für jedes Kind
→ Lied zum Schluss: Hevenu shalom alejchem	Stehkreis	Lied (S. 9)

Lied „Hevenu shalom alejchem“

Text/Melodie: traditionell

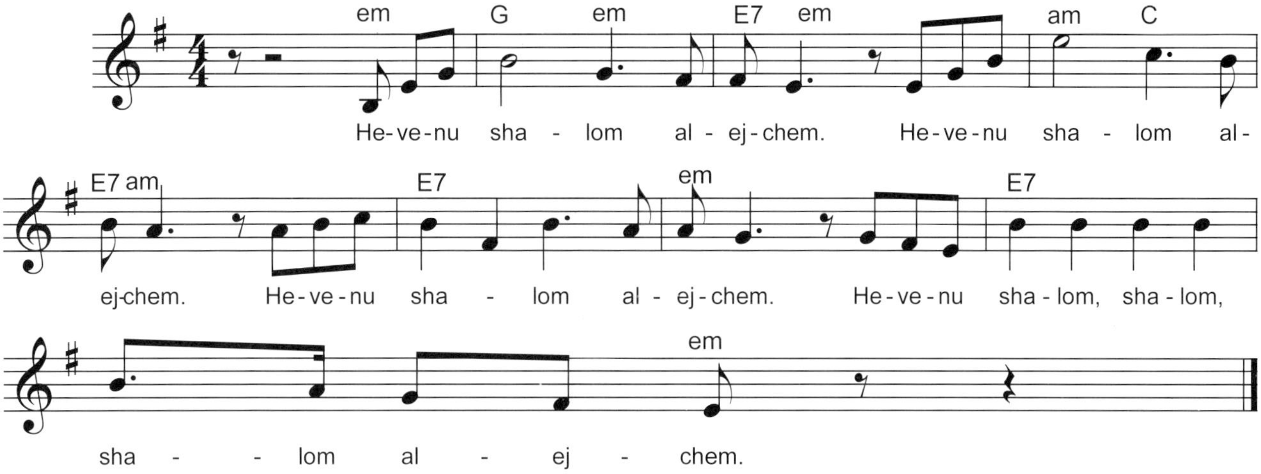

Wegstreifen

Der Wegstreifen wird in den jeweiligen Unterrichtsstunden immer an den unteren Heftrand geklebt. So ist auf der übrigen Seite genug Platz für die Heftwerkstatt. Die Kinder schreiben den passenden Satz auf die Linien (oder kleben den passenden Textstreifen auf den Wegstreifen).

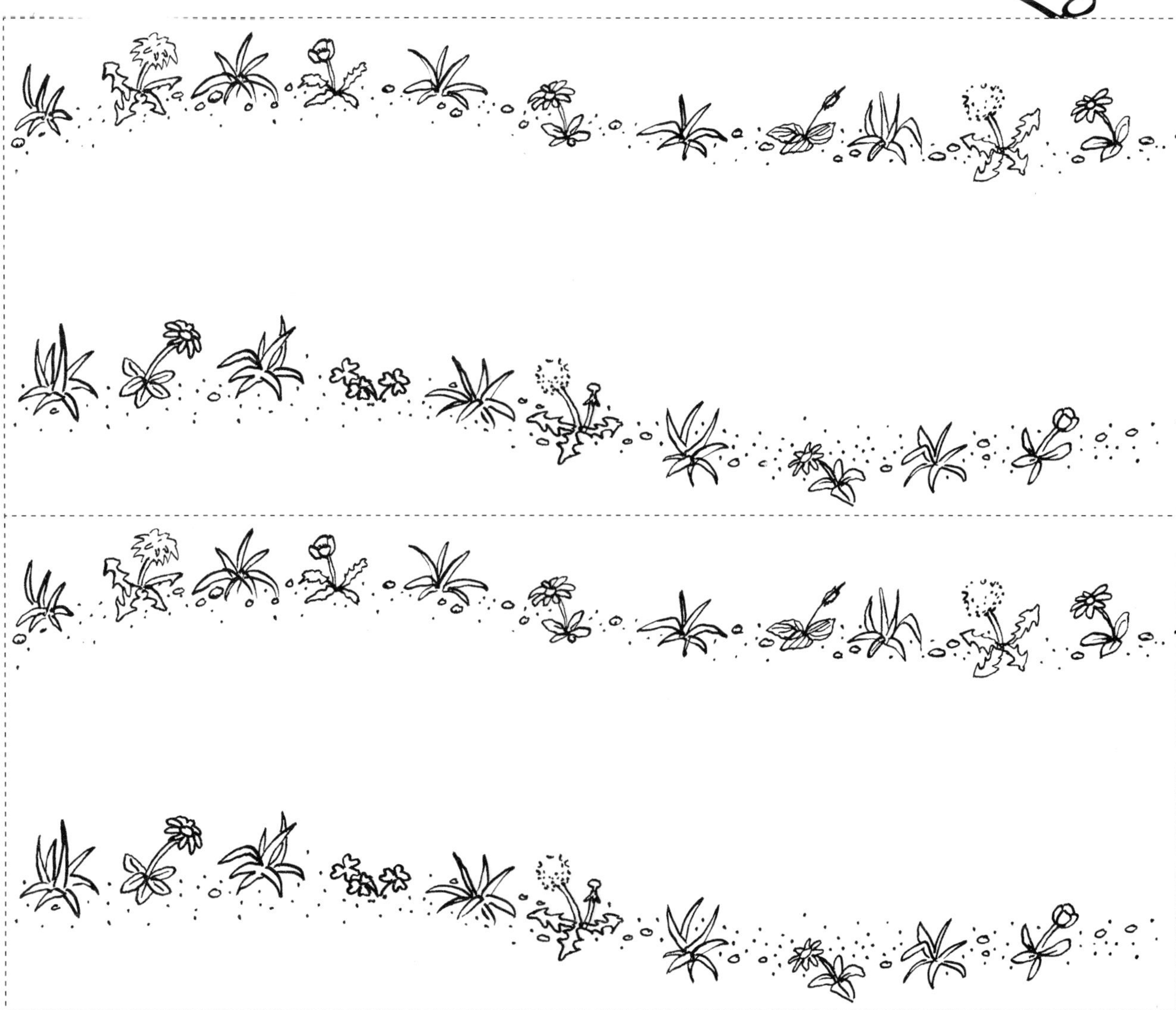

Lehrerinfo zur Werkstattarbeit

Zu Beginn der Werkstattarbeit müssen Sie mit den Kindern alle Aufgaben genau besprechen! Gehen Sie dazu mit der Lerngruppe von Station zu Station.

Arbeitsblatt Kleidung (S. 11):

➔ Die Figuren sollten idealerweise auf etwas festeres, weißes Papier kopiert werden.

➔ In jeweils einer Folie liegen unausgeschnitten in ausreichender Menge weibliche und männliche Figuren bereit.
Tipp: Schnelle Kinder könnten sowohl männliche als auch weibliche Figuren herstellen.

➔ Der Umhang wird wie folgt für die Kinder vorbereitet (siehe Abbildung unten):

1. Kleine Servietten (Packung ca. 12 x 12 cm) zur Hälfte auseinanderfalten
2. Oben ist die Kante, unten ist offen
3. Unten ein Stückchen abschneiden (Müll)
4. Restliche Serviette in vier gleich große Stücke schneiden
5. An der Kante kleines Dreieck einschneiden als Halsausschnitt
6. Fertiger Umhang kann der Figur angezogen und ggf. noch zurechtgeschnitten werden.

Es sollten Servietten in verschiedenen, für die Kinder ansprechenden Farben vorhanden sein. Sie kennen Ihre Klasse am besten. Entscheiden Sie daher, inwieweit Sie die Servietten im Vorfeld präparieren. Sie können auch, wie im Bild angedeutet, Schnittkanten darauf zeichnen und die Kinder sie selbst ausschneiden lassen. Da man aus jeder Serviette vier Umhänge erhält, hält sich der Aufwand in Grenzen.

Beim Besprechen der Arbeitsblätter erwähnen:

➔ *Beschreibung der Kleidung von damals; oft hatten die Menschen auch Kopfbedeckungen – wieso?*

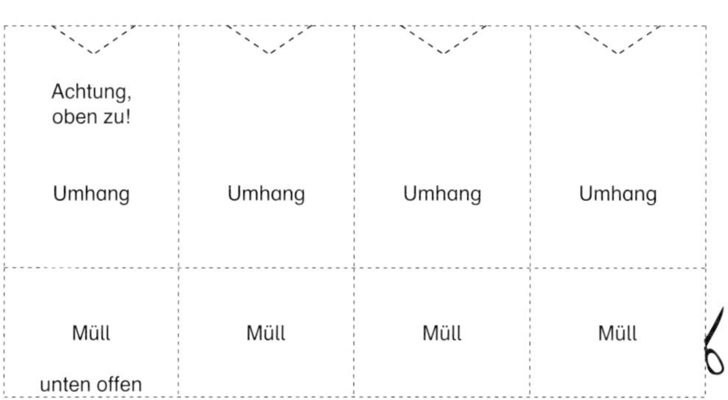

Arbeitsblatt Landschaft (S. 12):

Jedes Kind schneidet aus dem Arbeitsblatt den Streifen mit beiden Landschaftsformen aus.
Auf die großen Bilder werden, passend zu den Landschaftsformen, die kleinen Bilder aufgeklebt.

Beim Besprechen der Arbeitsblätter erwähnen:

➔ *verschiedene Landschaftsformen benennen; Bedeutung von „Wüste"/„fruchtbares Land"*

Arbeitsblatt Wohnen (S. 13):

Jedes Kind schneidet das leere Haus aus dem Arbeitsblatt aus und klebt die ausgeschnittenen kleinen Bilder dort ein.

Beim Besprechen der Arbeitsblätter erwähnen:

➔ *Flachdach (das Dach gilt als zusätzlicher Raum, z.B. zum Schlafen, zum Wäschetrocknen ...); Tiere leben mit im Haus (im vorderen Teil); Schlafmatten liegen am Tag aufgerollt an der Seite*

Arbeitsblatt Berufe (S. 14):

Jedes Kind schneidet das Feld mit den drei Berufsbildern (Fischer, Zimmermann und Hirte) aus. Die kleinen Bilder und die Berufsbezeichnungen werden ausgeschnitten und passend zu den entsprechenden Männern dazugeklebt.

Beim Besprechen der Arbeitsblätter erwähnen:

➔ *Aufgabe der Frauen damals; viele andere Berufe von damals, wie z.B. Bauer, Schreibberufe (Verwalter ...); Berufe damals waren viel beschwerlicher als heute, weshalb?*

Werkstatt (1/4): Kleidung

So ähnlich haben sich die Menschen in Israel gekleidet, als Jesus gelebt hat.

1. Wähle eine Frau oder einen Mann aus. Schneide die Figur aus.
2. Schneide den Umhang aus den vorbereiteten Serviettenstücken zurecht.
3. Ziehe deiner Figur den Umhang an.
4. Lege die Figur in dein Heft. Denke an den Papiermüll.

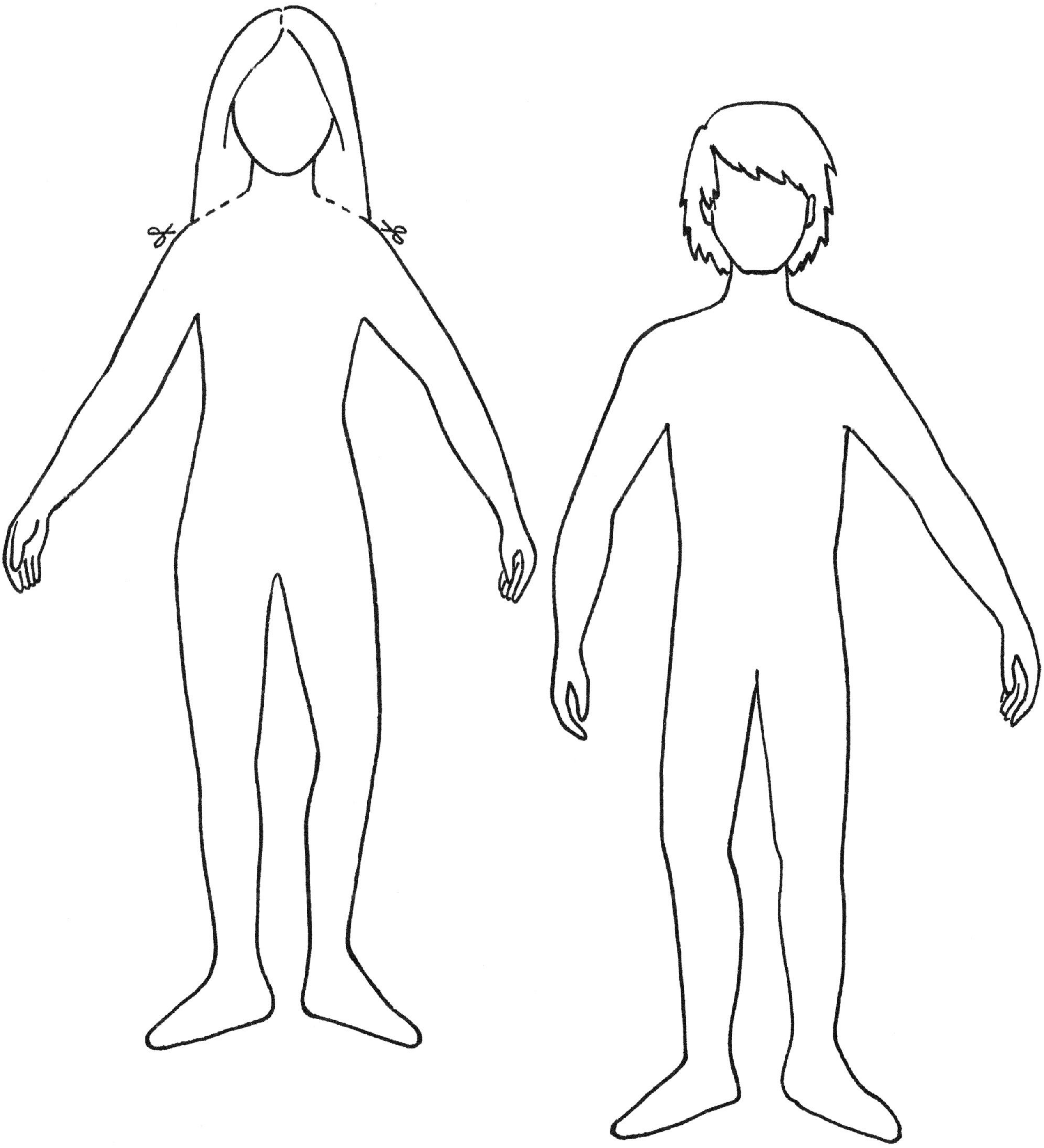

Werkstatt (2/4): Landschaft

In Israel gibt es fruchtbares Land, aber auch Wüste.

1. Schneide die großen Bilder an der gestrichelten Linie aus.
2. Schneide die kleinen Bilder aus.
3. Klebe die kleinen Bilder auf die passende Landschaft.
   (Kontrolle: fruchtbares Land: 3 Bilder/Wüste: 2 Bilder)
4. Lege das fertige Blatt in dein Heft.
   Denke an den Papiermüll.

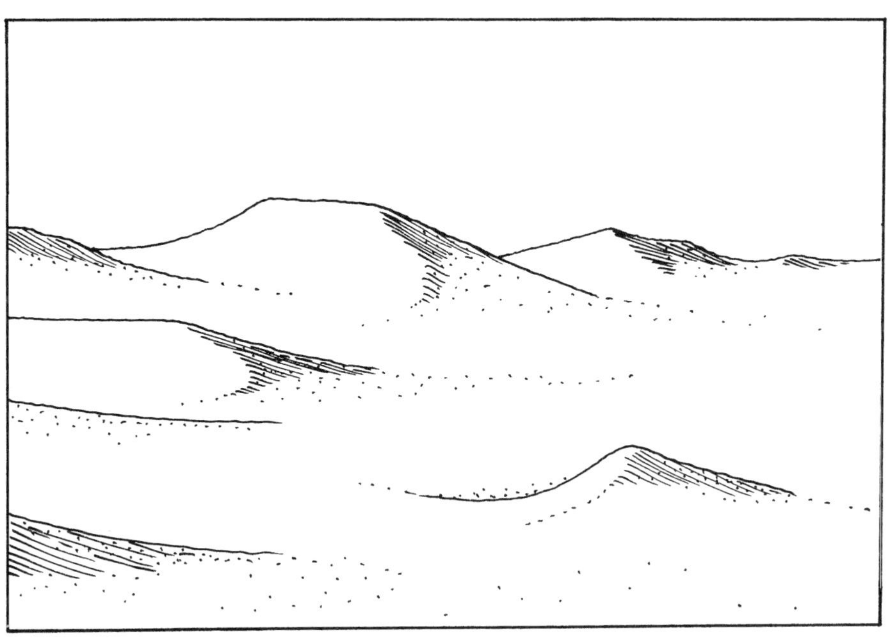

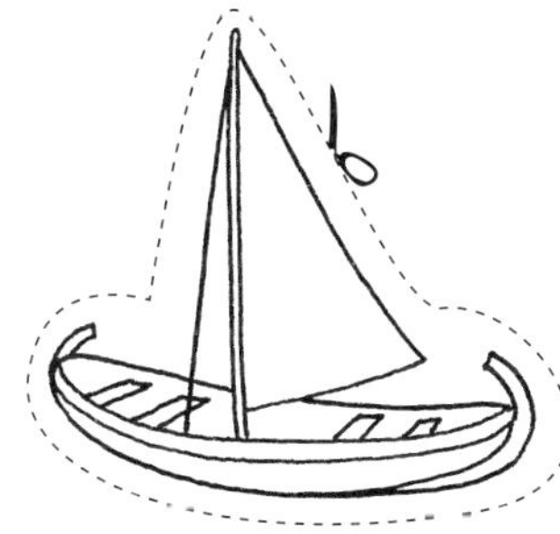

Werkstatt (3/4): Wohnen

In Israel sehen die Häuser ganz anders aus als bei uns.

1. Schneide das israelische Haus an der gestrichelten Linie aus.

2. Schneide die kleinen Bilder aus.

3. Klebe sie an die richtigen Stellen in deinem Haus.

4. Lege das fertige Haus in dein Heft. Denke an den Papiermüll.

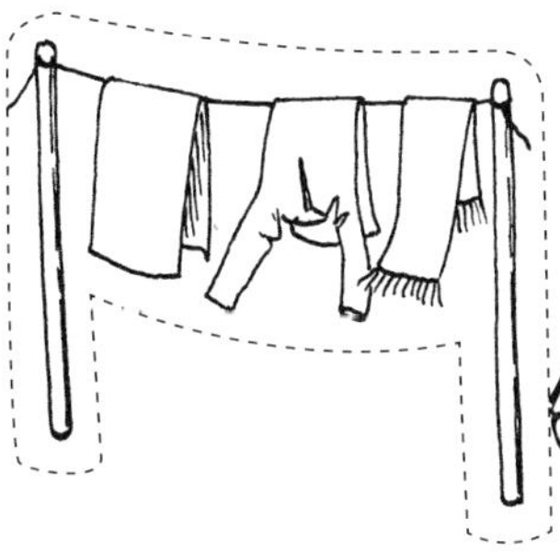

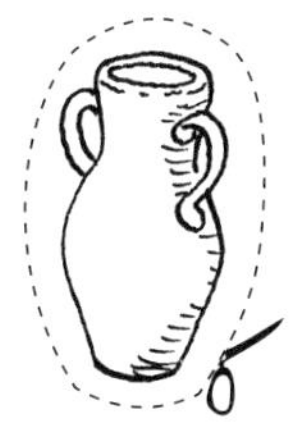

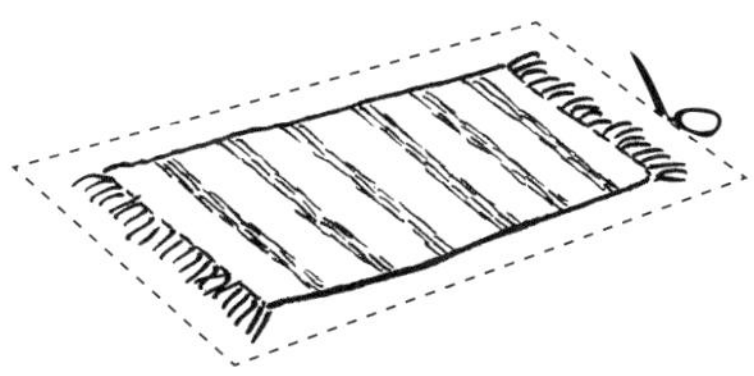

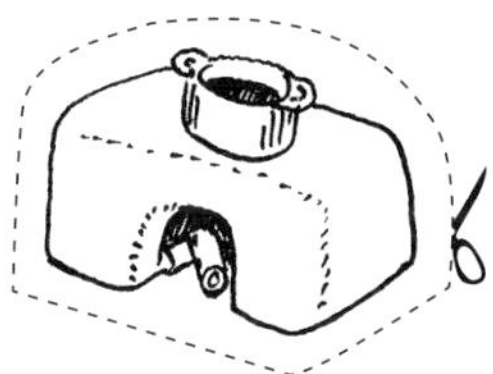

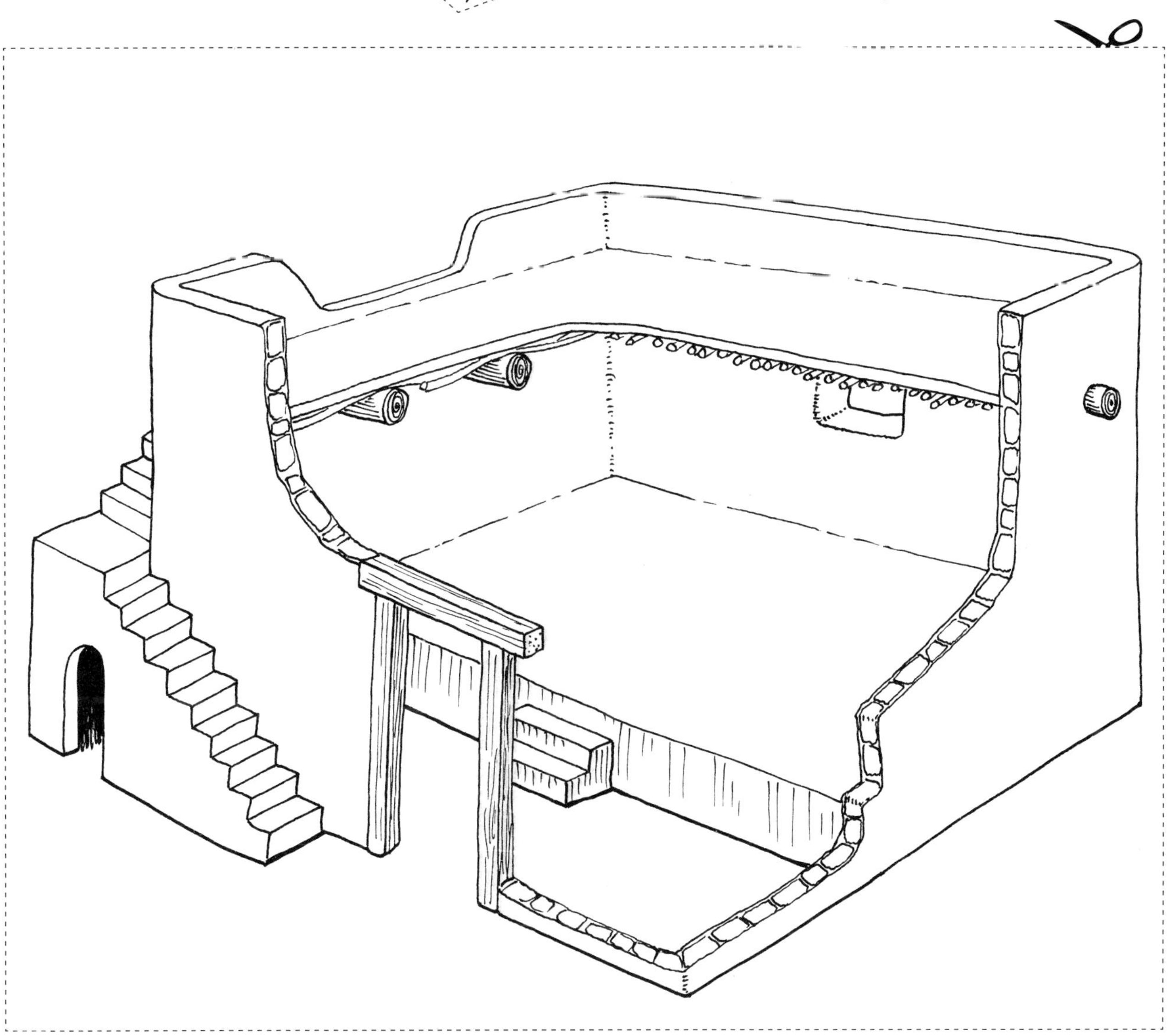

Werkstatt (4/4): Berufe

Als Jesus gelebt hat, hatten viele Männer Handwerksberufe.

1. Schneide die Personen an der gestrichelten Linie aus.

2. Schneide nun die kleinen Bilder aus.

3. Klebe die kleinen Bilder zu den passenden Männern.

4. Klebe die Berufe dazu.

5. Lege das große Bild in dein Heft. Denke an den Papiermüll.

Zimmermann
Fischer
Hirte

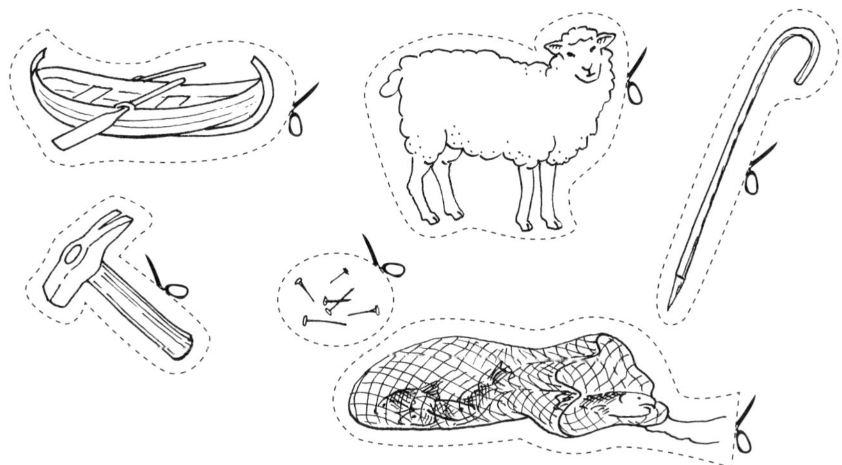

© Verlag an der Ruhr | Autorin: Eva Weber | ISBN 978-3-8346-2317-1 | www.verlagruhr.de

2. Menschen begegnen Jesus – die Fischer

Unterrichtliches Handeln	Sozialform	Medien
Einstieg → Lied „Hevenu shalom alejchem“ (bei Zeitmangel weglassen) → Impuls: **Du weißt nun schon ganz schön viel über die Menschen, die in Israel gelebt haben, als auch Jesus dort gelebt hat** … Kinder antworten (Wiederholen der Werkstattarbeit aus den letzten beiden Stunden)	Sitzkreis	Lied (S. 9)
Begegnung → Die Kinder werden gedanklich an den See Genezareth geführt („Hinführung“, S. 16). → Mitmachgeschichte „Der Alltag eines Fischers“ (S. 16) → Impuls: **Na, ich weiß nicht, ob mir der Beruf „Fischer“ gefallen hätte …** Kinder antworten und beschreiben im Gespräch noch einmal das anstrengende und oft frustrierende Leben eines Fischers. → Impuls: **Suche Farben aus, die zu den Gefühlen von Simon und Andreas passen.** Kinder legen dunkle Tücher in die Mitte des Sitzkreises	Sitzkreis	Verschiedene Tücher in dunklen und hellen Farben, Umhang oder großes Tuch, Text „Hinführung“ (S. 16) Mitmachgeschichte „Der Alltag eines Fischers“ (S. 16)
Vertiefung → Impuls: **Ihr glaubt nicht, was unseren beiden Fischern Simon und Andreas plötzlich passiert ist …** → Erzählung „Jüngerberufung“ (S. 17) → Impuls: **Plötzlich hat sich etwas verändert im Leben der beiden Fischer …** Kinder antworten (Jesus ist in ihr Leben getreten …) → Impuls: **Welche Farben würdest du nun auswählen, um die Gefühle der beiden Fischer zu beschreiben? Lege sie über die dunklen Tücher in unserer Mitte.** Die Kinder wählen helle Farben aus. → Impuls: **Obwohl die vier Fischer noch gar nicht so richtig wissen, wie das wird mit Jesus, vertrauen sie ganz fest darauf, dass es gut ist, mit Jesus mitzugehen. Das wissen sie in ihrem Herzen. Übrigens kannst auch du heute noch auf Jesus vertrauen und auch ein Jünger oder eine Jüngerin von ihm werden, auch wenn du Jesus nicht mehr sehen kannst. Du kannst nämlich genauso wie damals die Fischer anderen Menschen von Gott erzählen. Vielleicht möchtest du ja so ein Jünger oder eine Jüngerin von Jesus sein. Überlegs dir mal.** → Themenlied: Jesus, ich bau auf dich (1. Str.)	Plenum (nur, falls ein Sozialformwechsel nötig ist)	Erzählung „Jüngerberufung“ (S. 17) Lied (S. 18)
Sicherung/Gestaltung → **Heftwerkstatt:** Fußspuren von Simon und Andreas und ein Fuß mit dem Namen des Kindes (jedem Kind jedoch selber überlassen, ob es seinen Namen hineinschreiben möchte – am Ende der gesamten Einheit kann noch einmal gefragt werden, ob man vielleicht doch seinen Namen in die Fußspur hineinschreiben möchte und Jesus nachfolgen will; aber betonen, dass jeder frei entscheiden darf!) → Text für Wegstreifen: **Lasst uns mit Jesus gehen.**	EA	Heft, Klebstoff, Schere, Wegstreifen für jedes Kind (S. 9), drei Fußspuren zum Ausschneiden für jedes Kind (S. 18), evtl. Textstreifen (S. 6)

Vorlesetext: Hinführung

Requisite: Umhang oder großes Tuch bereithalten für die Rolle als Fischer. Kinder gedanklich zum See Genezareth führen:

Spürt ihrs auch? Es ist ganz warm auf der Haut. Die Sonne scheint.
Und schaut mal: Da vorne sehe ich einen großen See. Das muss der See Genezareth sein.
Ja, ihr habt richtig gehört. Wir befinden uns nämlich gerade in Israel, in dem Land, in dem Jesus gelebt hat, als er als Mensch noch unter uns Menschen war. Jetzt ist er zwar immer noch bei uns, aber eben nicht mehr in menschlicher Gestalt. Wir können ihn nicht sehen. Aber damals in Israel, da konnten ihn die Menschen sehen.
Vor uns liegt jetzt der schöne See Genezareth.
Wie das Wasser in der Sonne glitzert! Seht ihrs auch? Überall wachsen Bäume. Es ist alles grün um den See. Kommt, lasst es uns hier im Schatten gemütlich machen.
Schaut mal, am Ufer arbeiten Leute an Netzen.
Das müssen Fischer sein.
Oh, da kommt einer auf uns zu.
Hallo, Fischer, setz dich doch zu uns.
Du schaust aus, als würde dir eine Pause gut tun.
Wie heißt du denn? Magst du uns nicht ein wenig von deiner Arbeit erzählen?

Mitmachgeschichte: „Der Alltag eines Fischers"

Sie als Lehrkraft schlüpfen nun in die Rolle des Fischers, indem Sie sich den Umhang umlegen. Lassen Sie sich müde auf die Erde plumpsen, streichen Sie sich den „Schweiß" von der Stirn. Beginnen Sie, zu erzählen. Dabei machen die Kinder die kursiv gedruckten Bewegungen pantomimisch mit.
Hallo, mein Name ist Simon. Ich arbeite dort am Ufer mit Andreas, meinem Bruder, der ist auch Fischer.
Und ja, es stimmt, ich brauch echt mal 'ne Pause.
Ihr glaubt gar nicht, wie anstrengend die Arbeit als Fischer ist. Ich muss immer nachts arbeiten, da die Fische erst abends aus den Tiefen des Sees nach oben kommen, so können wir sie leichter mit unseren Netzen fangen.
Wenn die Sonne untergegangen ist, dann gehts bei uns Fischern erst richtig los!
Erst mal müssen die Fischerboote hergerichtet werden.
Ihr könnt gerne alle mithelfen. Jetzt ist es nämlich schon wieder so weit. Die Sonne geht schon langsam unter. Seht ihrs auch?
(Kinder halten ihre Hand schauend über die Augen)
Also, auf gehts! Nur keine falsche Müdigkeit vortäuschen! Krempelt mal alle eure Ärmel nach hinten!
(Kinder schieben ihre Ärmel nach oben)
Bevor es dunkel wird und wir rausrudern, müssen erst einmal die Netze kontrolliert werden. Die reißen nämlich ganz leicht. Und ich hab leider kein Geld, um mir neue Netze zu kaufen.
Hier, schaut mal, ein riesiges Loch.
Los, das muss geflickt werden. Ich brauche eure Hilfe, dann gehts schneller!
(Kinder machen pantomimisch Nähbewegungen)
So, vielen Dank a Mitflicken.
Jetzt müssen zuerst die Netze hier gefaltet werden. Packt alle mit an, damit die Netze sich nicht verheddern! *(Kinder falten Netze mit großen Bewegungen)*
Jetzt die großen Ruder ins Boot legen. Die sind echt schwer. Seid ihr stark genug, dass ihr sie tragen könnt? *(Kinder stehen aus dem Sitzkreis in den Stehkreis auf und verstauen die Ruder)*
Eine Decke nehme ich auch immer mit, abends kann es auf dem See nämlich ganz schön kühl werden. Ich rate euch, auch eine einzupacken, damit ihr nicht friert! *(Decke einpacken; es kann auch noch gemeinsam gefröstelt werden)*
Hier, das Trinkgefäß, das mir meine Frau immer herrichtet, ist ganz wichtig, damit ich auch was zu trinken habe bei meiner Arbeit. Wollt ihr mal probieren?
Mhh, schmeckt lecker. Wasser mit etwas Traubensaft.
(Trinkbewegung nachmachen)
Jetzt helft mal mit, das Boot in den See zu schieben.
Hau ruck, hau ruck! *(Kinder schieben mit)*
Also, dann alle Männer und Frauen ab ins Boot.
Vorsicht, es ist ein bisschen wackelig.
(Kinder steigen in das Boot, strecken Arme aus, um das Gleichgewicht zu halten)

So, und jetzt heißt es kräftig rudern, bis wir in der Mitte des Sees sind. Und eins und zwei und …
(Die Kinder rudern mit. Warten Sie, bis sich alle Kinder wieder beruhigt haben – es wird ganz still.)
Schaut mal, wie der Mond schön scheint und die Sterne glitzern. Wenn ich so in den Himmel schaue, dann hoffe ich immer, dass es diesmal ein guter Fang wird. Meine Frau und meine Kinder müssen oft hungrig einschlafen, weil ich keinen guten Fang gemacht habe. Dann sind in den Netzen nur ganz wenige Fische gewesen, und ich konnte dann natürlich auch nur ganz wenige Fische verkaufen.
Das macht mich immer sehr traurig.
Aber heute, glaube ich, wirds ein guter Fang.
Ich habe ja euch zum Mithelfen. Los gehts, die Netze auswerfen! *(Kinder werfen Netze aus)*
Jetzt heißts warten. Hört ihr, wie still es ist?
(hier einen Augenblick die Stille aushalten)
He, spürt ihrs auch? Da ruckelts doch schon ganz schön in den Netzen.
Los, alle mithelfen beim Hochziehen der Netze.
(Netze hochziehen)
Hau ruck, hau ruck!
Na, ein paar Fische haben wir ja doch gefangen.
Vielen Dank für eure Mithilfe.
Kommt, lasst uns zurückrudern. *(Alle rudern zurück ans Ufer und steigen aus dem Boot aus.)*
So, für mich heißts leider noch lange nicht Feierabend. Ich muss noch alles ausladen, mich um die Fische kümmern und, und, und. Ihr merkt schon, manchmal bin ich richtig genervt von meiner Arbeit. Es ist echt eine harte körperliche Arbeit. Und ständig hat man den Druck, auch ja genug zu fangen, weil ja sonst die Familie nicht satt wird. Bloß nicht krank werden, bloß nicht schwach werden. Jeden Tag der gleiche Trott.
Na, was solls. Ich wünsche euch noch eine gute Nacht. Ihr könnt euch ja jetzt erst mal hinlegen und eine Runde schlafen. Tschüß, ihr alle!
(Kinder winken Simon zu)

Lehrererzählung: „Jüngerberufung" (Mt 4, 18–22)

Ihr glaubt nicht, was unsere beiden Fischer erlebt haben. Ich hab sie nämlich neulich wieder getroffen. Neulich also, so haben mir die beiden erzählt, als sie gerade mal wieder am Ufer mit ihren Netzen beschäftigt waren, kam ein Mann zu ihnen. Dieser Mann, so wussten sie, hieß Jesus. Sie hatten schon viel von ihm gehört. Er war ein Zimmermann, also jemand, der mit Holz arbeitet und zum Beispiel Türen herstellen kann.
Die beiden Fischer hatten schon von anderen gehört, dass Jesus allen Leuten ganz viel von Gott erzählt. Das ist eigentlich gar nicht so ungewöhnlich, weil die Priester im Tempel ja auch ganz viel über Gott erzählen. Aber wenn Jesus von Gott erzählt, dann kann man sich Gott viel besser vorstellen. Jesus kann so gut erzählen, dass jedes Kind versteht, was er meint.
Viele Menschen sagen auch über Jesus, er habe eine ganz erstaunliche Kraft von Gott bekommen, weswegen er Kranke wieder gesund machen kann.
Dieser Jesus also stand neulich plötzlich vor Simon und Andreas. Er sagte zu ihnen: „Folgt mir! Ich möchte, dass ihr allen Leuten von Gott erzählt."
Simon und Andreas dachten zuerst, sie hätten sich verhört. Sie waren doch nur kleine unbedeutende Fischer. Wieso sollte Jesus ausgerechnet sie gebrauchen können? Aber Jesus hats ganz deutlich gesagt: „Folgt mir! Ich möchte, dass ihr allen Leuten von Gott erzählt."
Und so erstaunlich das klingen mag, aber Simon und Andreas ließen tatsächlich alles liegen und stehen und folgten Jesus nach. Denn sie fühlten ganz tief in ihrem Herzen, dass es richtig war, Jesus zu folgen und allen Menschen von Gott zu erzählen. Simon und sein Bruder Andreas und auch zwei andere Fischer, Jakobus und Johannes, wurden so die ersten Jünger von Jesus. Jünger, so nennt man die Männer und Frauen, die Jesus nachfolgen. Sie sind ganz feste Freunde von Jesus und auch so etwas wie seine Schüler, denn Jesus lehrt sie ganz viel von Gott.

Lied „Jesus, ich bau auf dich“

Musik/Refraintext: Kurt Mikula; Text der Strophen: Eva Weber

2. Der Sturm schlägt hohe Wellen, die Angst im Boot ist groß.
Jesus verspricht: „Habt keine Furcht, ich lass euch niemals los.“

3. Ein Wunder ist geschehen, Bartimäus war doch blind.
Er kann nun wieder sehen und weiß: „Ich bin Gottes Kind“.

4. Vier Männer wolln zu Jesus, ihr Freund kann nicht mehr gehn.
Jesus sieht ihr Vertrauen, und der Lahme kann aufstehn.

5. „Mein Mädchen liegt im Sterben“, denkt Jairus in der Not.
„Nur Jesus kann ihr helfen, er ist stärker als der Tod!“

6. Jesus will zu Zachäus. Und das ist wirklich wahr.
Der Zöllner wird sein Leben ändern, das ist wunderbar!

7. Ein Hirte liebt die Schafe, keins lässt er je zurück.
Gott ist für uns ein guter Hirte. Ist das nicht ein Glück?

Bemerkung: Zu der entsprechenden Unterrichtsstunde wird im Verlauf der Reihe jeweils die entsprechende Strophe neu gelernt.

Fußspuren

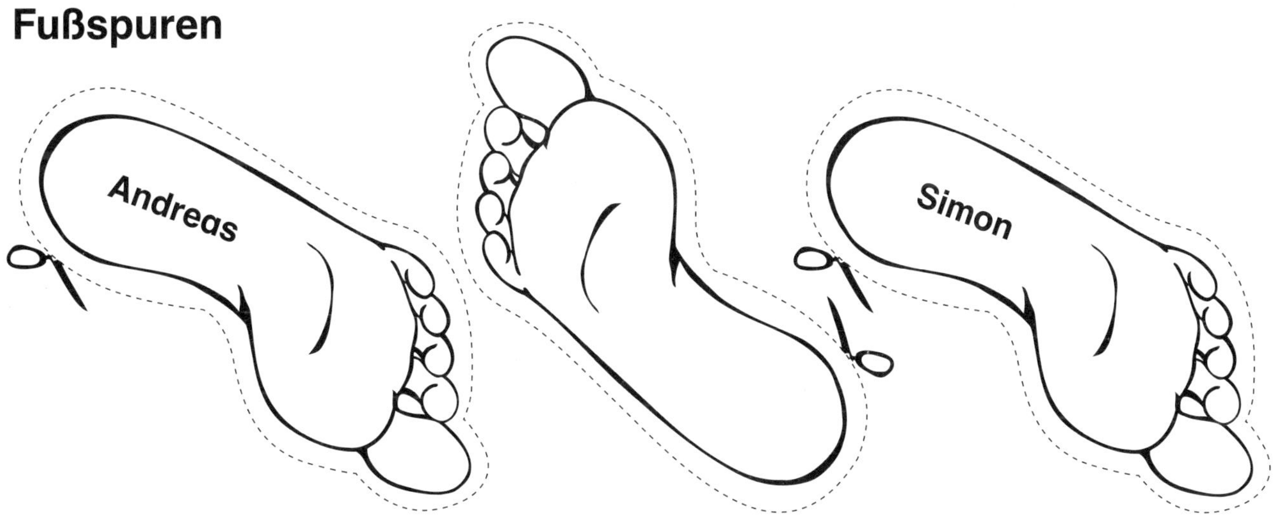

3. Die Sturmstillung

Unterrichtliches Handeln	Sozialform	Medien
Einstieg → Lied: „Jesus, ich bau auf dich" (1. Strophe) → Impuls: **Wir haben letzte Stunde zwei Fischer kennen gelernt. Du hast viel über ihren Beruf erfahren ...** Kinder wiederholen. → Impuls: **Doch dann hat sich das Leben der beiden total verändert ...** Kinder antworten	Sitzkreis	Lied (S. 18)
Begegnung Die Begegnung dient dazu, Sturm und Ruhe wahrzunehmen. Die Kinder werden dazu mit auf eine „Sturmreise" genommen. → Kinder bewegen sich ruhig durchs Klassenzimmer → Impulse: **Die Sonne scheint, ein leises Lüftlein weht. Doch da ziehen dunkle Wolken auf und verdecken die Sonne. Der Wind wird stärker; er pustet durch die Haare; wir können kaum noch aufrecht stehen vor lauter Wind. Da verwandelt sich der Wind in einen Wirbelsturm; wir dreh'n uns und dreh'n uns ... Doch was ist das? Der Sturm legt sich, die Sonne kommt hinter den Wolken hervor. Es herrscht plötzlich totale Windstille. Vor Erschöpfung und auch Erleichterung, dass der Sturm endlich vorbei ist, legen wir uns hin. Alles ist ganz ruhig; wir hören nur noch unser leises Atmen** (evtl. weiter ausbauen). → Erzählung „Sturmstillung" als Bodenbild mit Legematerial	Plenum (Stühle im Sitzkreis bleiben aber für die Erzählung noch stehen) Sitzkreis	Erzählung und Material für das Bodenbild (S. 20)
Vertiefung → Impuls: **Die Jünger haben sich erstaunt gefragt, wer wohl dieser Jesus ist, dass ihm sogar Wind und Wellen gehorchen.** ... Kinder antworten → Jedes Kind bekommt zwei weiße Papierstücke. Kurz auf abstraktes Malen eingehen (keine Figuren, Boote etc. malen, sondern nur verschiedene Farben und Formen ...) → Zu „Sturmmusik" wird ein „Sturmbild" gemalt (abstrakt!) → Zu ruhiger Musik wird ein „Stillebild" gemalt (abstrakt!) → Im Stehkreis liegen ein schwarzes Tuch für Sturm und ein weißes Tuch für Stille auf dem Boden. Die Kinder legen ihre Kunstwerke auf das entsprechende Tuch. → Gemeinsames Betrachten der Werke → Lied: „Jesus, ich bau auf dich" (Strophe 2)	EA Stehkreis	„Sturmmusik" (z.B. „Toccata" von J. S. Bach), ruhige Musik, (z.B. „Stille Momente" von David Plüss), für jedes Kind zwei weiße Papierstücke (ca. DIN A6), Buntstifte, schwarzes Tuch, weißes Tuch Lied
Sicherung/Gestaltung → Heftwerkstatt: Die beiden abstrakten Bilder werden auf eine Seite geklebt (erst das Sturmbild, dann das Stillebild) → Text für Wegstreifen: **Jesus ist Gottes Sohn. Deshalb hat er die Macht, den Sturm zu beruhigen.**	EA	Heft, Klebstoff, evtl. Text für Wegstreifen (S. 6)

Lehrererzählung mit Legematerial: „Sturmstillung“ (Mk 4, 35–41)

Material:

- ➔ Orangefarbene Scheibe als Abendsonne (aus Tonpapier ausgeschnitten) – 1 Kind
- ➔ Drei schwarze Wolken (aus Tonpapier ausgeschnitten) – 2 bis 3 Kinder
- ➔ Schwarzes Tuch – 1 Kind
- ➔ Durchsichtige Muggelsteine oder blaue Tropfen (aus Tonpapier ausgeschnitten) – restliche Kinder, die noch kein Legematerial bekommen haben
- ➔ Blitz (aus Tonpapier ausgeschnitten) – 1 Kind
- ➔ Trommel oder „Faust haut auf den Boden“ – 1 Kind
- ➔ Blaues Tuch (wird von zwei Kindern hin- und hergeschüttelt) – 2 Kinder
- ➔ Ein Stück Papier zum Zerreißen – 1 Kind
- ➔ Trommel oder einmal in die Hände klatschen – 1 Kind

Viele Menschen sind an den See Genezareth gekommen, Alte, Junge, Männer, Frauen und Kinder. Sie haben sich am Ufer versammelt und schauen erwartungsvoll auf Jesus. Damit ihn alle gut sehen und hören können, steht er in einem Boot nahe am Ufer des Sees und spricht zu ihnen. „Shalom! Friede sei mit euch!“, so begrüßt er freundlich die vielen Menschen.

Er erzählt ihnen viel von Gott und seiner Liebe zu den Menschen. Jesus spricht den ganzen Tag zu den Menschen.

Als es Abend wird und die Abendsonne wie ein orangefarbener Ball ihre letzten warmen Strahlen ans Ufer wirft, wird Jesus müde *(orangefarbene Scheibe als Sonne hinlegen)*.

Er wendet sich zu seinen Jüngern und bittet sie: „Lasst uns hinüberfahren ans andere Ufer. Dort werde ich mich ein wenig ausruhen können.“

Die Jünger steigen mit in das Boot und zurren das Segel fest. Ein leichter Wind treibt das Boot zur Mitte des großen Sees Genezareth.

Jesus ist so erschöpft, dass er sich zum Schlafen in den hinteren Teil des Bootes zurückzieht.

Auf einer Matte schläft er ein. Der See ist glatt und ruhig. Nur ein leises Lüftchen weht durch die Haare der Jünger. Alles ist so friedlich.

Doch was ist das? Plötzlich schieben sich dunkle Wolken vor die Abendsonne *(ausgeschnittene schwarze Wolken hinlegen)*.

Der Wind wird stärker. Der Himmel verdunkelt sich schlagartig *(schwarzes Tuch hinlegen)*.

Die Jünger können kaum noch ihre Hände vor den Augen sehen. Jetzt fängt es auch noch an, zu regnen. Große, schwere Tropfen peitschen den Jüngern ins Gesicht *(ausgeschnittene Tropfen oder durchsichtige Muggelsteine – hier können viele Kinder einen Tropfen ins Bodenbild legen)*.

Von einer Minute auf die andere sind alle völlig durchnässt. Es blitzt *(ausgeschnittenen Blitz)*.

Laute Donner grollen *(trommeln oder einfacher: mit der Faust auf den Boden hauen)*.

Der Wind wird stärker und stärker. Die Wellen türmen sich hoch und immer höher auf *(zwei Kinder erzeugen mit einem blauen Tuch wilde Wellen)*.

Wasser schießt in das heftig schaukelnde Boot.

Da – ratsch *(ein Kind zerreißt einmal ein Stück Papier)* – ein großer Riss teilt das Segel in zwei Hälften. Nutzlos flattert es im Sturm.

Das Boot wird auf den riesigen Wellen hin und her geschleudert. Angstvoll klammern sich die Jünger am Bootsrand fest.

„Hilfe!“ – „Wir sind verloren!“ – „Wir werden alle ertrinken!“ – „Ich will nicht sterben!“ – „Warum hilft uns Jesus nicht?“ – „Wie kann er bei diesem Sturm nur schlafen?“

Mit letzter Kraft stolpert ein Jünger zu Jesus: „Jesus, hilf uns! Wir werden alle ertrinken!“

Da erhebt sich Jesus. Mit kraftvoller Stimme gebietet er dem Sturm und den Wellen:

„STILL!“ *(ein Kind schlägt einmal laut die Trommel oder einfacher: klatscht einmal laut)*.

Da legt sich der Wind. Es wird ganz still. Ganz ruhig liegt das Boot auf dem See.

Nichts regt sich mehr. Jesus dreht sich zu seinen Jüngern um: „Warum habt ihr solche Angst? Habt ihr kein Vertrauen zu mir? Ich bin doch bei euch!“ Die Jünger staunen und reden aufgeregt durcheinander: „Wer ist dieser Jesus, dass ihm sogar Wind und Wellen gehorchen?“

4. Ich habe auch manchmal Angst

Unterrichtliches Handeln	Sozialform	Medien
Einstieg → Lied: „Jesus, ich bau auf dich“ (Strophe 1 und 2) → Impuls: **Wow, das war ja ganz schön heftig, was die Jünger da auf dem See Genezareth erlebt haben …** Kinder wiederholen Geschichte der Sturmstillung	Sitzkreis	Lied (S. 18)
Begegnung → **„Ich habe Angst vor …“:** Auf einem großen blauen Tuch liegen verschiedene Bilder, wovor viele Kinder Angst haben. Die Kinder legen reihum Muggelsteine auf die Bilder, die zu ihren Ängsten passen. Möchte ein Kind keinen Muggelstein legen, so gibt es die Schachtel einfach weiter. Es liegt auch ein Blanko-Bild bei den Bildern, falls Kinder noch selbst ergänzen möchten, wovor sie Angst haben → Gespräch über Ängste, so merken die Kinder, dass auch andere vor den gleichen Dingen Angst haben	Sitzkreis	Blaues Tuch, Muggelsteine in einer Schachtel, „Angst-Bilder“ (S. 23–26)
Vertiefung → Impuls: **Jesus möchte uns unsere Angst abnehmen, so wie er sie auch den Jüngern auf dem Boot abgenommen hat, als der Sturm um sie brauste. Es ist so schön, dass Jesus nicht nur damals bei den Jüngern war, sondern auch heute noch bei uns ist, auch jetzt hier in unserem Klassenzimmer. Leider können wir ihn nicht sehen, aber manchmal kannst du ihn spüren. Vielleicht spürst du ihn ja auch jetzt, wenn wir unsere Angst-Muggelsteine hier in das Körbchen legen, als Zeichen dafür, dass wir unsere Ängste an Jesus abgeben können.**	Sitzkreis	
→ **„Ich gebe meine Ängste ab“:** Ein Körbchen mit Teelichtern wird im Sitzkreis herumgereicht. Jedes Kind legt seinen Muggelstein aus der Begegnungsphase, der ja eine Art „Angststein“ ist, in das Körbchen und nimmt sich ein Teelicht heraus. → Impuls: **Wir wollen gleich jeder eine Hoffnungskerze anzünden. Sie ist ein Zeichen dafür, dass Jesus uns mit unseren Ängsten nicht alleine lässt, sondern zu uns sagt: „Sprich mit mir über deine Angst, dann kann ich dir helfen, dass deine Angst kleiner wird oder ganz weggeht.“ Denn wir dürfen ganz fest die Hoffnung haben, dass Jesus uns mit unseren Ängsten nicht alleine lässt.** → Die Kinder zünden ihre Teelichter an und stellen sie auf die Angstbilder, die nun gar nicht mehr so bedrohlich wirken.		Körbchen mit Teelichtern (für jedes Kind ein Teelicht – möglichst in einem Teelichthalter), Feuerzeug
→ Gebet → Lied: „Sei mutig und stark“ (mit Bewegungen)		Gebet (S. 22) Lied (S. 22)
Sicherung/Gestaltung → Impuls zu den Hoffnungskärtchen: **Ich möchte dir gerne ein kleines Kärtchen mitgeben, auf dem ein Hoffnungstext aufgedruckt ist. Wenn du mal wieder Angst verspürst, dann kannst du auch mit Jesus oder mit Gott reden, so wie wir es gerade getan haben. Er möchte dir deine Ängste nehmen. Außerdem kannst du auf deinem Hoffnungskärtchen den Vers lesen (oder dir vorlesen lassen –** bei Erstklässlern). **Bestimmt ist deine Angst danach schon ein ganzes Stückchen kleiner. Möchtest du kein Kärtchen nehmen, so gibst du das Körbchen einfach weiter.** → Aus einem Körbchen nimmt sich jedes Kind ein Kärtchen.	Plenum, falls ein Wechsel der Sozialform nötig ist, sonst Sitzkreis belassen	Hoffnungskärtchen (S. 27), Körbchen für die Hoffnungskärtchen
Zum Schluss evtl: „Sei mutig und stark“	Stehkreis	Lied

Gebet zum Vortragen

Einführende Worte:
Es ist egal, ob wir zu Jesus oder zu Gott beten. Jesus ist Gottes Sohn. Egal, zu wem wir beten, es kommt auf jeden Fall sowohl bei Gott als auch bei Jesus an.

Jesus,
danke, dass du hier bei uns im Klassenzimmer bist.
Danke, dass du uns zuhörst, wenn wir mit dir reden wollen.
Du hast gehört, dass wir viel über unsere Ängste gesprochen haben.
Manchmal haben wir riesengroße Angst vor etwas, zum Beispiel vor … *(hier konkrete Beispiele aus der Klasse einfügen).*
Wenn wir so große Angst haben, dann fühlen wir uns ganz klein und allein.
Du hast uns versprochen, dass du uns nie allein lässt, auch nicht, wenn wir Angst haben.
Dafür möchten wir dir ganz viel danken.
Bitte lass uns doch das nächste Mal, wenn wir wieder Angst haben, spüren, dass du da bist und uns nicht allein lässt.
Gib uns Mut und Kraft, dass wir unsere Angst überwinden können.

Amen.

Lied „Sei mutig und stark"

Text: Mike Müllerbauer, Musik: Mike Müllerbauer/Ralf Conrad

Angstbilder (1/4)

Angstbilder (2/4)

Angstbilder (3/4)

Angstbilder (4/4)

Krieg

Ich habe Angst vor …

Hoffnungskärtchen

Gott verspricht: Ich will dich nicht verlassen!

Gott verspricht: Rufe zu mir in der Not, so will ich dich erretten.

Gott verspricht: Fürchte dich nicht. Ich bin bei dir.

Gott verspricht: Fürchte dich nicht. Ich bin bei dir.

© Sieger Köder, In Gottes Händen

5. Jesus heilt einen Blinden

Unterrichtliches Handeln	Sozialform	Medien
Einstieg → Lied „Sei mutig und stark" → Impuls: **Ist es nicht wunderbar, dass Jesus damals die Jünger im Sturm nicht allein gelassen hat und uns heute genauso wenig allein lässt, wenn wir Angst haben? Ich finde das super klasse! Es ist zwar nicht so, dass ich gar keine Angst mehr habe, seit ich das weiß. Aber wenn ich mal wieder Angst vor etwas habe, dann rede ich mit Jesus darüber, und schon ist meine große Angst ein ganzes Stück kleiner geworden.** → Impuls: **Heute möchte ich dir einen Mann vorstellen, der auch etwas ganz Erstaunliches mit Jesus erlebt hat ...**	Sitzkreis	Lied (S. 22)
Begegnung → Schwarzes großes Herz liegt in der Mitte als Zeichen für die Verlassenheit in Bartimäus Herzen; Farbe schwarz aber auch Zeichen für das Blindsein → Erzählung aus der Sicht des Bartimäus (Teil 1) – bis Jesus kommt – Hoffnungsschimmer → Einige Kinder kleben vereinzelt gelbe Schnipsel auf das Herz als Zeichen für den Hoffnungsschimmer, der in Bartimäus Herz keimt → Erzählung (Teil 2) – Jesus heilt Bartimäus – er kann wieder Farben sehen; er ist nun auch nicht mehr verlassen, er geht mit Jesus mit → Die restlichen Kinder kleben kunterbunte Schnipsel auf das schwarze Herz, dafür, dass alles Schwarze aus dem Leben des Bartimäus verschwunden ist → Lied: „Jesus, ich bau auf dich" (Strophe 3)	Sitzkreis	großes schwarzes Herz aus Tonpapier, Erzählung (S. 29), Umhang und Augenbinde für Bartimäus, zwei Münzen, ein paar gelbe Schnipsel als „Hoffnungsschimmer", viele bunte Schnipsel (nicht zu klein) Lied (S. 18)
Vertiefung → Impuls: **Wie hat sich doch das Leben von Bartimäus plötzlich verändert ...** Kinder antworten → Impuls: **Jesus lässt die Menschen nicht in ihrer Not allein. Gott hat ihm die Kraft gegeben, Kranke zu heilen. Bartimäus hat ganz fest daran geglaubt, dass Jesus diese große Kraft von Gott bekommen hat und dass er auch ihm helfen würde. Jesus hat diesen festen Glauben in Bartimäus gesehen und hat ihn geheilt. Welch riesengroßen Grund zum Jubeln Bartimäus jetzt hat! Ich kann mir vorstellen, welche Worte Bartimäus findet, um Gott zu danken und ihn zu loben; du auch? ...** Kinder machen Vorschläge, z.B. Gott ist super, Gott ist spitze, Gott ist klasse ... (Sie können hier auch gut das Wort „Halleluja" einbringen – mit Übersetzung: Lobt Gott) → Aus all diesen Lobesworten kann gemeinsam ein Rap gesprochen werden: einfach alle Worte rhythmisch aneinanderhängen. Noch besser klingt es, wenn man mit Rasseln den Rhythmus untermalt.	Plenum (falls ein Sozialformwechsel vonnöten ist, ansonsten weiterhin Sitzkreis)	Rasseln (Überraschungseier-Behälter oder Filmdöschen mit Reis gefüllt)
Sicherung/Gestaltung → Heftwerkstatt: schwarzes Herz wird ins Heft geklebt; anschließend werden bunte Schnipsel daraufgeklebt. Die Kinder holen sich dazu aus einem Körbchen bunte Tonpapierstücke und reißen sie selber in Schnipsel. → Wer mag, kann um das Herz noch Lobesworte für Gott schreiben. → Text für Wegstreifen: **Bartimäus kann wieder sehen. Jesus hat sein trauriges Herz fröhlich gemacht!**	EA	Heft, Klebstoff, Stift, für jeden ein schwarzes Herz (S. 30), bunte Tonpapierstücke in einem Körbchen, Wegstreifen, evtl. Text für Wegstreifen (S. 6)

Lehrererzählung: „Der blinde Bartimäus“ (nach Mk 10, 46–52)

In der Mitte des Sitzkreises liegt das große schwarze Tonpapierherz. Daneben steht ein Körbchen mit bunten Schnipseln und mehreren Klebestiften. Ein paar Kinder erhalten schon im Vorfeld ein paar gelbe Schnipsel als Hoffnungsschimmer (s.u.) Die Geschichte wird aus der Perspektive des Bartimäus erzählt. Sie als Erzähler sollten einen Umhang umlegen, der lang genug ist, dass ein paar Münzen darauf vor Bartimäus' Füßen liegen können. Später wird der Umhang dann mit einer großen Bewegung weggeworfen, wobei die Münzen fortfliegen. Das Geld hat keine Bedeutung mehr für Bartimäus. Außerdem sollten Sie als Erzähler eine Augenbinde tragen. Bringen Sie die Augenbinde so an, dass Sie noch darunter hervorschauen können, um lesen zu können, falls Sie nicht frei erzählen.
Die Lehrperson kommt als Bartimäus langsam und offensichtlich blind (tastend) in den Sitzkreis.

Teil 1

Bartimäus gähnt, setzt sich und legt zwei Münzen vor sich auf den Umhang:

Oh Mann, das wird mal wieder ein doofer Tag. Ich spürs genau. So doof wie alle anderen Tage auch! Jeden Tag muss ich frühmorgens hierher kommen und dann den ganzen Tag bettelnd an dieser Ecke verbringen, immer in der Hoffnung, dass jemand Mitleid hat mit mir, dem blinden Bartimäus, und mir eine Münze hier in den Umhang wirft. Zwei Münzen hab ich heute früh schon bekommen. Aber jetzt scheint gar niemand mehr vorbeizukommen.
Vielleicht wird es ja nachher besser. In ein paar Tagen ist doch wie jedes Jahr das Passafest in Jerusalem. Da kommen immer eine Menge Menschen hier vorbei, die auf dem Weg nach Jerusalem sind, um dort das Fest zu feiern. Viele von diesen Leuten sind ziemlich großzügig. Da werde ich wahrscheinlich eine ganze Menge Münzen zusammenbekommen. Früher, ja früher, da war alles anders. Da konnte ich noch sehen und mein eigenes Geld verdienen. Da hatte ich Freunde und Bekannte, und das Leben war zwar manchmal anstrengend, aber doch schön. Ich hab total gerne Spaziergänge unternommen und mir die vielen bunten Blumen am Wegesrand angeschaut. Bis ich dann eben blind wurde. Da ging dann gar nichts mehr. Ich musste das Betteln anfangen, weil ich ja nicht mehr arbeiten konnte. Geld brauche ich nun mal, sonst würde ich ja verhungern. Und langsam vergesse ich auch, was Farben sind. Ich sehe ja nur noch schwarz, schwarz, schwarz.
Irgendwann konnte ich mich dann einigermaßen zurechtfinden, auch ohne sehen zu können. Ich hab nämlich ein richtig gutes Gehör bekommen. Ich kann Geräusche hören, die ein sehender Mensch gar nicht wahrnimmt. Wenn ich hier sitze, kann ich sogar an den Schrittgeräuschen hören, ob da ein Mann, eine Frau oder ein Kind vorbeikommt. Und man solls ja nicht für möglich halten, aber oft kann ich auch an der Art der Schritte hören, ob jemand gute oder schlechte Laune hat, ob jemand traurig oder fröhlich ist. Als ich noch sehen konnte, hab ich auf so etwas gar nicht geachtet. Eigentlich ist das Schlimmste am Blindsein, dass ich jetzt gar keine Freunde mehr habe. Klar bekomme ich immer wieder ein paar Münzen von den Leuten hier im Dorf, aber niemand setzt sich mal einen Augenblick zu mir hin und redet ein bisschen mit mir. Ich hätte gerne jemanden, der mir zuhört, der mit mir spricht und der mich vielleicht auch mal ein bisschen aufmuntert, wenns mir mal wieder richtig schlecht geht und sich in mir alles dunkel, grau und schwarz anfühlt.

Oh, was hör ich denn da? Da scheint eine große Gruppe von Menschen zu kommen. Ich höre viele Schritte. Hoffentlich geben sie mir ein paar Münzen ab. Das sind doch sicher Leute, die nach Jerusalem zum Passafest wollen. Still! – Einer erzählt, dass dieser Jesus auch bei der Gruppe ist. Oh Mann, das ist doch dieser besondere Mensch, von dem viele erzählen, dass er der Sohn Gottes ist. Er kann scheinbar, so erzählen die Leute, im Namen Gottes sogar Kranke heilen. Vielleicht …, vielleicht kann er ja auch mir helfen! Das ist meine letzte Hoffnung!

Aktion: Ein paar gelbe Schnipsel werden von zwei oder drei Kindern auf das Herz geklebt

Teil 2

Ich bin ganz aufgeregt! Ich muss unbedingt mit Jesus sprechen. Ich MUSS zu ihm!
(Schreiend:) Jesus! Jesus! Hab Mitleid mit mir! Du kannst mir helfen!
(Leise zu sich:) Ja, ja, das ist mal wieder typisch! Die anderen Leute rufen, dass ich leise sein soll. Aber ich will nicht leise sein. Ich will zu Jesus.
(Wieder schreiend:) Jesus! Jesus!
(Wieder leise zu sich:) Ruft mich da jemand? Da sagt doch eine Stimme: ‚Bringt den Mann zu mir.' Damit bin ich gemeint! Ich soll wirklich zu Jesus kommen! Ja, Jesus, ich komme zu dir!
(Bartimäus wirft seine Decke weg und springt auf – die zwei Münzen fliegen herum, aber Bartimäus hebt sie nicht auf.)
(Bartimäus mit einer wegwerfenden Bewegung:) Ach, das Geld ist mir egal. Jetzt ist nur noch wichtig, dass ich zu Jesus komme. Der geht nicht an mir vorbei, er will mir wirklich helfen.
(Bartimäus geht tastend ein paar Schritte:) Jesus, bist du das? Bist du es wirklich? *(Bartimäus legt lauschend die Hand hinter sein Ohr und verharrt:)* Du fragst, was du für mich tun kannst? Oh Herr, ich mochte wieder sehen können! Jesus, du sagst, ich habe so ein großes Vertrauen zu dir und dass ich deshalb wieder sehen soll? Du sagst, mein Glaube hat mir geholfen?
(Bartimäus dreht seinen Kopf hin und her:) Was ist das? Was ist das? Es wird hell unter meiner Augenbinde.
(Bartimäus reist sich die Binde herunter und blinzelt geblendet.)
(Bartimäus erst flüsternd:) Ich kann sehen!
(Dann schreiend:) Ich kann sehen! Ich kann wieder sehen! Da, ein Baum mit grünen Blättern, dort, bunte Blumen. Ich kann es gar nicht fassen, ich kann wieder Farben sehen!
(Bartimäus hüpft und tanzt vor Freude:) Danke, Gott! Danke, dass du Jesus so viel Macht gegeben hast. Er hat mich geheilt. Danke, Gott, du bist spitze, du bist klasse! Halleluja! Ich lobe dich, Gott! Ich werde mit Jesus mitgehen. Er hat mich nicht alleingelassen. Ich will jetzt ein Freund, ein Schüler, ein Jünger von Jesus werden. Ich kann wieder sehen und ich bin nicht mehr allein!
(„Bartimäus" geht, die Lehrerin kommt in den Sitzkreis.)

Impuls: **Bartimäus kann wieder sehen. Er sieht endlich wieder Farben, bunte Farben. Und noch etwas macht ihn unendlich glücklich ...** *Kinder antworten (Bartimäus geht mit Jesus, er wird ein Jünger und ist nicht mehr allein – sein Herz fühlt sich nicht mehr dunkel, sondern hell und bunt an.)*

Herzen für die Heftwerkstatt

Kopieren Sie die Herzen, oder bereiten Sie sie als Schablonen vor. Ich male die Herzen für die Kinder im Vorfeld schon auf schwarzes Tonpapier auf und schneide sie grob aus. Die Kinder schneiden die Herzen im Unterricht dann selbst aus.

6. Manchmal sind Sehende auch blind

Unterrichtliches Handeln	Sozialform	Medien
Einstieg → Lied „Jesus, ich bau auf dich" (Strophe 1–3) → Stummer Impuls: **Das große Herz von der letzten Stunde wird noch einmal in die Mitte gelegt …** Kinder wiederholen (Bartimäus kann wieder sehen und geht mit Jesus mit; er ist also nicht mehr allein!)	Sitzkreis	Lied (S. 18) Herz von der letzten Stunde
Begegnung → Impuls: **Bartimäus hat uns erzählt, dass er an den Schritten der Menschen oft erkannt hat, ob diese Menschen gerade fröhlich oder traurig sind. Obwohl er blind war, hat er manchmal Dinge bemerkt, die ein Sehender nicht bemerkt. Manchmal sind Sehende nämlich auch blind …** Die Kinder überlegen, wo Sehende blind sein können. → Ein Körbchen wird in die Mitte auf ein Tuch gestellt. → Abwechselnd holen sich die Kinder ein Piktogramm heraus und sprechen: „Ich möchte nicht blind sein, sondern meine Augen aufmachen, wenn …" (z.B. „… jemand hingefallen ist. Ich kann ihm aufhelfen.")	Sitzkreis	Tuch, Körbchen, großkopierte Piktogramme (S. 32)
Vertiefung → Impuls: **Jesus hat bei Bartimäus nicht weggeschaut. Er ist hingegangen, hat sich um ihn gekümmert, hat ihm geholfen. Du kannst das auch, das Hinschauen, das Sich-Kümmern-um-jemanden, das Helfen.** → **Aktion „Augen auf!":** Jedes Kind sucht sich ein oder zwei Piktogramme aus, die ihm in der nächsten Woche helfen sollen, die Augen zu öffnen. Die Piktogramme können im Mäppchen verstaut werden, sodass sie sichtbar sind und immer wieder erinnern. → In der nächsten Stunde wird dann gefragt, inwiefern es den Kindern gelungen ist, die Augen aufzumachen und nicht blind zu sein.	Sitzkreis	Kleine Piktogramme, etwa doppelt so viele Bilder wie Kinder in der Lerngruppe sind (S. 32)
Sicherung/Gestaltung → Impuls: **Wenn du dir wehgetan hast oder wenn du traurig bist, dann hast du vielleicht von deiner Mama oder von deinem Papa schon einmal ein Trostpflaster bekommen. Man sagt auch Trostpflaster, wenn man gar kein Pflaster meint, sondern vielleicht eine kleine Süßigkeit. Danach geht es einem dann schon viel besser: einmal, weil die Süßigkeit so lecker schmeckt, und dann aber auch, weil die Mama oder der Papa zugehört haben. Vielleicht siehst du in nächster Zeit auch jemanden, der sich wehgetan hat oder der einfach nur traurig ist. Dann wäre es doch schön, wenn du ihn tröstest und ihm zuhörst. Danach fühlt derjenige sich sicher schon viel besser. Außerdem wäre es doch toll, wenn du für ihn auch ein kleines Trostpflaster hast. So ein Trostpflaster basteln wir jetzt gemeinsam.**	Sitzkreis	
→ **Trostpflaster basteln:** Auf eine Karte werden ein Kaubonbon (z.B. MAOAM – ist flach und kann gut mit normalem Klebestift aufgeklebt werden) und ein Pflaster (einzeln verpackt) geklebt. → Der Schmuckrahmen kann angemalt werden. → In der nächsten Stunde wird gefragt, ob das Trostpflaster denn schon zum Einsatz gekommen sei.	EA	Für jedes Kind: auf stärkeres Papier kopierte Karte (S. 32), Pflaster (am besten einzeln verpackt), Kaubonbon, evtl. auch zuckerfrei, Klebefilm, Buntstifte

Piktogramme „Hinsehen“ (Achtung: Piktogramme für die Phase im Sitzkreis vergrößern!)

Vorlage „Trostpflaster“

Jesus sagt:
Ich bin jeden Tag
bei dir und
will dich trösten.

7. Jesus heilt einen Gelähmten

Unterrichtliches Handeln	Sozialform	Medien
Einstieg		
→ Lied: „Jesus, ich bau auf dich“ (Strophe 1–3) → Piktogramme aus der letzten Stunde liegen in der Mitte auf einem Tuch → Impuls: **Vielleicht ist es dir ja in den letzten Tagen gelungen, deine Augen gegenüber anderen aufzuhalten ...** Kinder erzählen → Das Tuch bleibt liegen, die Piktogramme werden weggeräumt.	Sitzkreis	Lied (S. 18) große Piktogramme der letzten Stunde (S. 32), Tuch
Begegnung		
→ **„Ich spüre meine Beine“:** Die Kinder verteilen sich im Raum und setzen sich mit ausgestreckten Beinen auf den Boden. Erst Beine genau anschauen, dann mit den Fingern über die Beine krabbeln, streicheln, trommeln ...; hinlegen und Beine in die Luft strecken, anwinkeln ...; aufstehen und auf dem Platz rennen, hüpfen ...	Kinder im Raum verteilt	
→ Erzählung „Heilung eines Gelähmten“ (Teil 1) → Impuls: **Es gibt vieles, was Jakob nicht kann. Er ist gelähmt ...** Kinder antworten und legen dazu je einen dunklen Stein auf das Tuch → Erzählung „Heilung eines Gelähmten“ (Teil 2) → Impuls: **Wie gut, dass seine Freunde daran geglaubt haben, dass Jesus Jakob helfen kann. Stell dir vor, was Jakob nun alles kann ...** Kinder antworten und legen dazu je einen hellen Stein auf das Tuch → Impuls: **Schaut mal, wie sich das Bodenbild verändert hat, genauso haben sich auch die Gefühle des Gelähmten verändert ...** Kinder antworten	Sitzkreis	Erzählung (S. 34), brauner Umhang oder braunes Tuch, Korb mit dunklen und hellen Steinen (z.B. bemalte Steine, Muggelsteine, ...)
Vertiefung		
→ Lied: „Jesus, ich bau auf dich“ (Strophe 4) → Impuls: **Wie wunderbar es doch ist, dass Jesus durch Gottes Kraft den Gelähmten wieder gesund gemacht hat. Ich kann mir vorstellen, dass Jakob nicht normal nach Hause gegangen ist, sondern ausprobiert hat, was seine Beine nun alles können ...**	Sitzkreis	Lied (S. 18)
→ „Beine-Tanz“: Kinder stehen im Kreis. Ein Kind tritt zur Musik in die Mitte und macht einen lustigen Tanzschritt oder Hüpfer etc. vor. Alle imitieren.	Stehkreis	fröhliche Musik Abspielgerät
Sicherung/Gestaltung		
→ **Heftwerkstatt:** Pfeifenputzermännchen. Das längere Pfeifenputzerstück wird der Kopf mit Körper und Beinen. Dazu den Pfeifenputzer in der Mitte zu einer Schlaufe biegen (Kopf), nach ca. zwei Daumenbreiten die beiden Stränge verdrehen. Nach 2-mal Drehen wird das kleinere Pfeifenputzerstück (Arme) zwischen die beiden verdrehten Stränge gelegt und diese werden weiter verdreht. Wenn alle vier abstehenden Enden noch ein wenig umgeknickt werden, entstehen Hände und Füße. → Das Männchen wird nur am Kopf mit Klebestreifen im Heft fixiert, so können die Beine von den Kindern immer wieder in eine neue Stellung gebracht werden. Die Kinder erleben, wie vielfältig die Stellungen der Beine sein können. → Text für Wegstreifen: **Jesus ist so gut und so mächtig! Er hat den gelähmten Mann wieder gesund gemacht.**	EA	je ein ca. 20 cm und ein 30 cm langes Stück Pfeifenputzer (Biegeplüsch/ Chenilledraht) für jedes Kind, Klebestreifen, Wegstreifen, evtl. Text für Wegstreifen (S. 6)

Lehrererzählung „Heilung eines Gelähmten" (nach Lk 5, 17–26)

Die Geschichte wird aus der Sicht eines der vier Freunde erzählt. Sie sollten sich einen Umhang oder einen Schal etc. umlegen, damit die Kinder den Rollentausch besser nachvollziehen können.

Teil 1

„Hallo, wenn ich uns mal ganz kurz vorstellen dürfte: Wir sind vier Freunde und heißen Daniel, Josua, Benjamin und Nathanael. Also, eigentlich sind wir ja fünf Freunde. Aber unser fünfter Freund ist im Moment nicht bei uns. Er heißt Jakob und ist leider gelähmt. Er kann seine Beine nicht bewegen. Wir vier sind immer für Jakob da und versuchen ständig, ihn ein bisschen aufzumuntern. Aber er kann halt leider so vieles nicht mitmachen …"

(Hier überlegen die Kinder, was Jakob alles nicht mit seinen Freunden unternehmen kann; zu jeder Antwort legen sie jeweils einen dunklen Stein in die Mitte auf das Tuch.)

Teil 2

„Wir sind gerade auf dem Weg zu Jakob. Wir müssen ihm nämlich was ganz Aufregendes erzählen. Kommt doch mit!
Hi, Jakob. Na, wie gehts dir heute? Ja, ja, ich weiß schon. Du hast mal wieder zu nichts Lust. Wenn du dich wenigstens vor dein Haus tragen lassen würdest, dann bekämst du ein bisschen mehr mit von dem, was hier im Dorf passiert. Stell dir vor, dieser Jesus, von dem alle erzählen, ist heute hier bei uns im Dorf. Ist das nicht irre? Die Leute erzählen sich doch, dass er schon viele Kranke gesund gemacht hat. Mensch, das ist deine Chance! Was sagst du? Wir sollen dich in Ruhe lassen? Ja sag mal, spinnst du? Jetzt hast du endlich die Chance, geheilt zu werden, und du willst in Ruhe gelassen werden? Das kommt überhaupt nicht in Frage! Josua, Benjamin und Nathanael glauben auch ganz fest daran, dass Jesus dir helfen kann. Wir packen dich jetzt einfach hier in diese Decke und bringen dich zu Jesus. Also, Freunde, packt mit an! So, das wäre geschafft! Jetzt nur noch zu diesem Haus, in dem Jesus heute von Gott erzählt. Ich weiß, wo das ist. Da vorne ist es schon. Ach du meine Güte! Schaut euch das mal an! Das ganze Haus ist ja voll mit Menschen. Die drängeln sich ja sogar schon vor der Tür. Da kommen wir ja gar nicht mehr rein. Was sollen wir denn jetzt machen? Wir müssen doch unbedingt mit unserem Freund zu Jesus! *(kurzes Überlegen)* He, ich habs! Los, wir tragen Jakob die Treppen hoch aufs Dach. Was wir auf dem Dach machen, wollt ihr wissen? Ihr werdet es gleich sehen. So, jetzt legen wir Jakob erst einmal vorsichtig ab und dann schlagen wir ein Loch in das flache Lehmdach.
Noch ein kleines Stück. So, jetzt lassen wir Jakob ganz vorsichtig auf seiner Decke durch das Loch zu Jesus hinunter. Vorsichtig, er darf nicht runterfallen! Schaut mal durchs Loch. Jakob liegt direkt vor Jesus auf dem Boden. Psst, seid mal leise. Was sagt Jesus da? Er freut sich über das Vertrauen und den starken Glauben, den wir vier Freunde zu ihm haben. Jesus spricht zu Jakob: ‚Deine Schuld ist dir vergeben!'
Naja, es ist ja schön, dass Jakob jetzt so frei ist von seiner Schuld, schließlich hat hier jeder von uns schon mal irgendetwas falsch gemacht. Aber laufen kann Jakob ja immer noch nicht. Die Gesetzeslehrer, die da unten in der Menge stehen, schauen ja ziemlich grimmig. Bestimmt denken die: ‚Wie kann Jesus es wagen, einem Menschen die Schuld zu vergeben? Das kann doch nur Gott.' Psst…, mir scheint, Jesus versteht, was die Gesetzeslehrer denken. Jetzt sagt Jesus zu ihnen: ‚Ist es leichter, zu einem Gelähmten zu sagen: „Deine Schuld ist dir vergeben" oder: „Steh auf, nimm deine Matte und geh?"' Jesus wartet gar nicht auf eine Antwort. Er sagt weiter: ‚Ihr sollt sehen, dass ich von Gott die Macht habe, den Menschen ihre Schuld zu vergeben.'
Schaut mal, Freunde, jetzt wirds echt spannend! Jesus wendet sich zu Jakob. Er sagt zu ihm: ‚Steh auf, nimm deine Decke und geh nach Hause!'
Ich glaub, ich werd verrückt! Ich habs doch gewusst! Jesus kann tatsächlich Kranke gesund machen. Schaut nur, Jakob steht auf. Er kann seine Beine wieder bewegen. Er ist gesund! Wie ich mich für meinen Freund Jakob freue! Jetzt kann er endlich all die Sachen mit uns machen, bei denen er vorher zuschauen musste …"

(Hier überlegen die Kinder, was Jakob nun alles mit seinen Freunden unternehmen kann; zu jeder Antwort legen sie jeweils einen hellen Stein in die Mitte auf das Tuch.)

8. Freunde sind etwas Tolles (Freundschaftsfest)

Unterrichtliches Handeln	Sozialform	Medien
Einstieg → Lied „Jesus, ich bau auf dich“ (Strophe 4) → Impuls: **Wie gut, dass der gelähmte Mann so gute Freunde hatte …** Kinder wiederholen die Geschichte der letzten Stunde. → Gemeinsam werden nun die Bänke an die Seite geschoben, sodass viel Platz im Klassenraum ist.	Sitzkreis Plenum	Lied (S. 18)
Begegnung → Impuls: **Freunde oder auch nur einen guten Freund oder eine gute Freundin zu haben, ist etwas ganz Tolles. Manche von uns haben aber vielleicht gar keinen Freund oder keine Freundin. Das finde ich sehr traurig. Deshalb wollen wir heute gemeinsam ein großes Freundschaftsfest feiern. Vielleicht findest du ja einen neuen Freund oder eine neue Freundin dadurch. Lass dich einfach mal darauf ein …** → Die Kinder werden so in Gruppen eingeteilt, dass möglichst nicht die schon befreundeten Kinder zusammen sind (z.B. einteilen mit Hilfe von Durchzählen); optimal wären Vierergruppen.	Stehkreis	
Vertiefung → Jede Gruppe setzt sich in einen kleinen Sitzkreis und bekommt als „Tisch“ ein Tuch: Darauf wird ein Schälchen mit kleinen Knabbereien gestellt. Ein Kind beginnt und nimmt ein Stück aus der Schüssel, gibt es seinem Nachbarn und sagt: „Schön, dass du in meiner Gruppe bist“. Es herrscht dann (hoffentlich) schon einmal eine gute Stimmung in der zusammengewürfelten Gruppe. → Danach kann noch gemütlich weitergeknabbert werden (darauf hinweisen, dass beim Freundschaftsfest miteinander geteilt wird!). → Die „Tischtücher“ werden nun an die Seite geräumt; es folgen – von Ihnen angeleitet – verschiedene „Freundschaftsspiele“ in den Gruppen.	Kleingruppen	Jeweils ein Tuch und Knabbereien (z.B. Salzfischlis) in Schälchen für jede Gruppe Material für Freundschaftsspiele (S. 36)
Sicherung/Gestaltung → Die Kleingruppen suchen sich im Klassenraum ein ungestörtes Fleckchen; jedes Kind erhält ein Kärtchen (Kartenvorlage 1). → Auf sein Kärtchen schreibt jeder seinen Namen auf die gestrichelte Linie und gibt es weiter an seinen Nachbarn. Dieser schreibt etwas Schönes über die Person, deren Name oben steht, auf die Linien und gibt das Kärtchen weiter. → Auf diese Weise erhält jeder sein Kärtchen zurück, auf dem nun lauter schöne Dinge über ihn stehen. → Mit Strasssteinen könnten die für die Kinder nun wirklich „wertvollen Kärtchen“ noch verziert werden. → Alternative für Erstklässler, die noch nicht schreiben können: Entweder wird bei jahrgangsübergreifenden Gruppen darauf geachtet, dass sowohl Erstklässler als auch Zweitklässler in den Kleingruppen sind, sodass die Zeitklässler helfen können, oder es wird folgende Variante durchgeführt: Kartenvorlage 2: Jedes Kind unterschreibt mit seinem Namen und malt eine Kleinigkeit dazu; oder: Jede Gruppe erhält ein Schälchen mit kleinen Strasssteinen, jeder darf einen Stein zu seinem Namen dazukleben; oder: Jede Gruppe erhält ein kleines Stempelkissen und jeder drückt einen Fingerabdruck zu seiner Unterschrift. → Gemeinsamer Schluss: „Kindermutmachlied“	Kleingruppen	Kartenvorlage 1 oder 2 (je nach Schreibfähigkeit der Kinder) für jedes Kind (S. 37), Schälchen mit Strasssteinen und Klebstoff für jede Gruppe, Stifte Lied (S. 36)

Freundschaftsspiele

Wählen Sie je nach vorhandener Zeit die Spiele aus.

1. Gordischer Knoten

Die Kinder in der Kleingruppe stellen sich zu einem Kreis auf und strecken ihre Hände in die Mitte. Sie greifen durcheinander gegenseitig nach den Händen, sodass jede Hand eine andere festhält. Dann müssen die Kinder, ohne die Hände loszulassen, versuchen, einen normalen Stehkreis zu bilden. Es darf über Hände/Arme gestiegen oder darunter durchgekrochen werden. Aber die Kinder dürfen niemals die Hände loslassen, sonst scheidet die Gruppe aus. Gewonnen hat die Gruppe, die als erste normal an den Händen fassend im Stehkreis steht.

2. Kunstwerk bauen

Mit Legosteinen (jede Gruppe hat die gleiche Anzahl und Größe – möglichst auch die gleichen Farben) müssen in einer bestimmten Zeit Kunstwerke gebaut werden. Welche Gruppe das schönste Kunstwerk zustande gebracht hat, hat gewonnen. Hier ruhig mehrere Gruppen oder vielleicht alle gewinnen lassen.

3. Die etwas andere Reise nach Jerusalem

Jede Kleingruppe erhält einen Stuhl. Zu Musik bewegen sich die Kinder jeder Kleingruppe um ihren Stuhl. Wird die Musik ausgeschaltet, müssen die Kleingruppen versuchen, alle irgendwie zusammen auf dem Stuhl zu sitzen, zu stehen ..., ohne dass irgendjemand den Boden berührt. Man muss also einander festhalten und helfen. Die Kleingruppe, die es am schnellsten geschafft hat, vollständig auf ihrem Stuhl zu sein, hat gewonnen.

Kindermutmachlied

Text & Melodie: Andreas Ebert

2. Wenn einer sagt: „Ich brauch dich, du;
ich schaff es nicht allein“,
dann kribbelt es in meinem Bauch,
ich fühl mich nicht mehr klein.

3. Wenn einer sagt: „Komm, geh mit mir,
zusammen sind wir was!“,
dann werd ich rot, weil ich mich freu,
dann macht das Leben Spaß.

4. Gott sagt zu dir: „Ich hab dich lieb.
Ich wär so gern dein Freund!
Und das, was du allein nicht schaffst,
das schaffen wir vereint.“

Kartenvorlagen

Das finde ich toll an dir, ____________________:

____

____

____

____

____

____

____,

ich finde, dass du ein
liebenswerter Mensch bist.

9. Jesus ist stärker als der Tod – die Tochter des Jairus

Unterrichtliches Handeln	Sozialform	Medien
Einstieg → Lied: „Wenn einer sagt, ich mag dich, du..„" → Impuls: **Mir hat unser Freundschaftsfest in der letzten Stunde richtig gut gefallen ...** Kinder können kurz über die letzte Stunde reden	Sitzkreis	Lied (S. 36)
Begegnung → Impuls: **Dass Jesus Kranke heilen kann, davon habt ihr jetzt schon gehört. Aber Jesus kann den Menschen auch dann noch helfen, wenn es scheinbar gar keinen Ausweg mehr gibt. Davon will ich euch erzählen.** → Erzählung „Jairus' Tochter" → Impuls: **Erst, so scheint es, hat Jesus wertvolle Zeit vergeudet, als er der anderen Frau geholfen hat. Die Tochter des Jairus ist bereits gestorben ...** Kinder wiederholen (Jesus ist nicht zu spät; er ist mächtiger als der Tod; für Jesus sind alle Menschen gleich wichtig – er weist niemanden ab, der ihn um Hilfe bittet – hier darauf achten, dass all diese Punkte zur Sprache kommen!) → Lied: „Jesus, ich bau auf dich" (Strophe 5)	Sitzkreis	Erzählung (S. 39) Umhang Lied (S. 18)
Vertiefung → Impuls: **Jairus hat nur noch eine Chance für seine totkranke Tochter gesehen: schnell zu Jesus laufen und für seine Tochter um Heilung bitten. Jesus hat seine FÜRBITTE erhört. Er hat geholfen.** **Auch wir können FÜR andere BITTEN. Ich bin mir sicher, dass dir jemand einfällt, dem es zur Zeit nicht so gut geht. Vielleicht ist die Person, an die du denkst, auch sehr krank oder wegen etwas sehr traurig. Nimm dir einen kurzen Moment Zeit, um darüber nachzudenken, wer vielleicht dein Gebet braucht. Denn du kannst bei Jesus für diese Person bitten. Jesus hört dein Gebet. Er kann helfen!** (Hier noch kurz darauf eingehen, dass Jesus manchmal anders hilft, als wir es von ihm erwarten. Er weiß, was am besten für diese Person ist ...) → Die Kinder können, wenn sie möchten, von einer Person erzählen, für die sie Jesus um Hilfe bitten möchten.	Sitzkreis	
→ Es werden kleine Zettel ausgeteilt, auf die die Kinder kurz den Namen der Person, für die sie bitten möchten, aufschreiben. Kinder, denen niemand einfällt, können darauf hingewiesen werden, dass es viele Kinder gibt, die in Kriegsgebieten leben oder denen es nicht so gut geht. Sie können unsere Fürbitten brauchen.	EA	Kleine Zettel für jedes Kind, Stifte
→ Im Gebet werden die Fürbitten vor Jesus gebracht. Sie beginnen das Gebet und beten die erste Fürbitte, damit die Kinder wissen, wie sie ihre Bitte vor Gott bringen können. Sie beenden auch das Gebet. (Unbedingt den Kindern selbst überlassen, ob sie ihre Fürbitte laut aussprechen möchten oder lieber leise nur für sich beten möchten; sagen, dass Jesus sowohl die laut als auch die leise gesprochenen Gebete hört!)	Stehkreis oder Sitzkreis	Kerze in die Mitte stellen Gebet (S. 40)
Sicherung/Gestaltung → **Heftwerkstatt:** Jedes Kind bekommt einen Umschlag. Dort hinein steckt jeder seinen Zettel mit seiner Fürbitte. Die Umschläge werden mit einem kleinen Aufkleber zugeklebt. Anschließend wird der Umschlag ins Heft geklebt. → Wegstreifen: **Jairus bittet Jesus für seine Tochter. Jesus besiegt den Tod!**	EA	Briefumschlagvorlage (S. 40, möglichst bunt kopiert), kleine Aufkleber Wegstreifen, evtl. Textstreifen (S. 6)

Lehrererzählung „Jairus' Tochter" (Mk 5, 21–43)

Jesus ist mal wieder umgeben von einer großen Menschenmenge, die hören möchte, was er über Gott erzählt.
Da plötzlich drängt sich ein Mann zu ihm vor. Sein Name ist Jairus, und er ist in heller Aufregung. Seine Tochter liegt in seinem Haus und ist schwer krank. Wenn nicht schnell etwas geschieht, dann stirbt sie!
Jairus fragt sich schon die ganze Zeit, wieso ihm und seiner Familie so ein Unglück passieren muss. Er, Jairus, ist doch einer der angesehensten Männer in der Stadt. Er ist doch der Synagogenvorsteher, also der Mann, der das Haus leitet, in dem die Menschen in Israel zu Gott beten. Sein Mädchen ist doch erst 12 Jahre alt. Es ist sein einziges Kind! Kein Arzt konnte ihr helfen. Jairus ist furchtbar besorgt.

Er wirft sich vor Jesus zu Boden und spricht: „Herr, meine Tochter ist schwer krank. Komm mit und lege ihr deine Hände auf den Kopf, damit sie gerettet wird und am Leben bleibt."
Jesus macht sich tatsächlich mit Jairus und einigen Jüngern auf den Weg zu Jairus' Haus. Die ganze Menschenmenge folgt ihnen.

Während sie noch auf dem Weg sind, kommt eine kranke Frau zu Jesus, die auch geheilt werden möchte. Sie leidet schon lange unter ihrer Krankheit. Jesus nimmt sich Zeit für sie. Sie wird geheilt.

Jairus steht währenddessen neben Jesus. Vielleicht denkt er sich: „Das kann ja nicht wahr sein. Ich war doch zuerst bei Jesus. Warum kümmert er sich jetzt um diese Frau? Kann er das nicht später tun? Natürlich möchte sie auch geheilt werden. Das verstehe ich ja. Aber zu Hause liegt meine Tochter schwerkrank und stirbt vielleicht bald. Dann ist es zu spät."

Noch während Jesus mit der Frau redet, kommen Boten aus dem Haus des Jairus und sagen: „Deine Tochter ist gestorben. Du brauchst Jesus nicht weiter zu bemühen, es hat keinen Zweck mehr."

Hier eine kurze Pause für ein Gespräch lassen. Die Kinder versuchen sich vorzustellen, wie Jairus wohl nun reagiert.

Jesus aber hört nicht auf die Boten. Er spricht zu Jairus: „Erschrick nicht. Hab Vertrauen!"
Gemeinsam gehen sie weiter zum Haus des Jairus. Dort sind einige Frauen zusammengekommen, die weinen. Sie wollen bei der Mutter des gestorbenen Kindes sein und sie trösten.
Jesus fragt sie: „Warum weint und klagt ihr? Das Kind ist nicht gestorben. Es schläft nur."
Da lachen sie ihn aus.

Jesus schickt alle Leute bis auf die Eltern und drei von seinen Jüngern aus dem Haus. Dann geht er zu dem Mädchen. Er ergreift seine Hand und sagt: „Steh auf, Mädchen!"
Das Mädchen steht auf.
Wie staunen da die Eltern und seine Jünger. Jesus ist stärker als der Tod!
Jesus aber sagt: „Erzählt niemandem davon. Gebt dem Kind etwas zu essen!"

Gebet zum Vortragen

Jesus,
danke, dass du jetzt hier bist, auch wenn wir dich nicht sehen können.
Danke, dass du uns zuhörst, wenn wir mit unseren Bitten jetzt zu dir kommen.
Ich möchte dich für … *(hier selber eine Person einfügen – vielleicht ist ja gerade ein Kind oder eine Lehrerin krank …)* bitten. Mache sie/ihn bitte schnell wieder gesund. *(Sie können auch eine eigene andere Bitte formulieren.)*

Den Kindern nun ein Zeichen geben, dass sie ihre Bitte vor Jesus bringen dürfen.

Nacheinander werden die Bitten vorgelesen, die die Kinder laut äußern möchten.

Danke, Jesus, dass du uns auch hörst, wenn wir im Stillen noch eine Bitte vor dich bringen möchten.
Wir wollen daher einen Augenblick still sein. So können alle, die nicht laut beten möchten, jetzt leise beten.

Stilles Gebet

Danke, dass wir immer im Gebet zu dir kommen können, Jesus.
Amen.

Umschlagvorlage

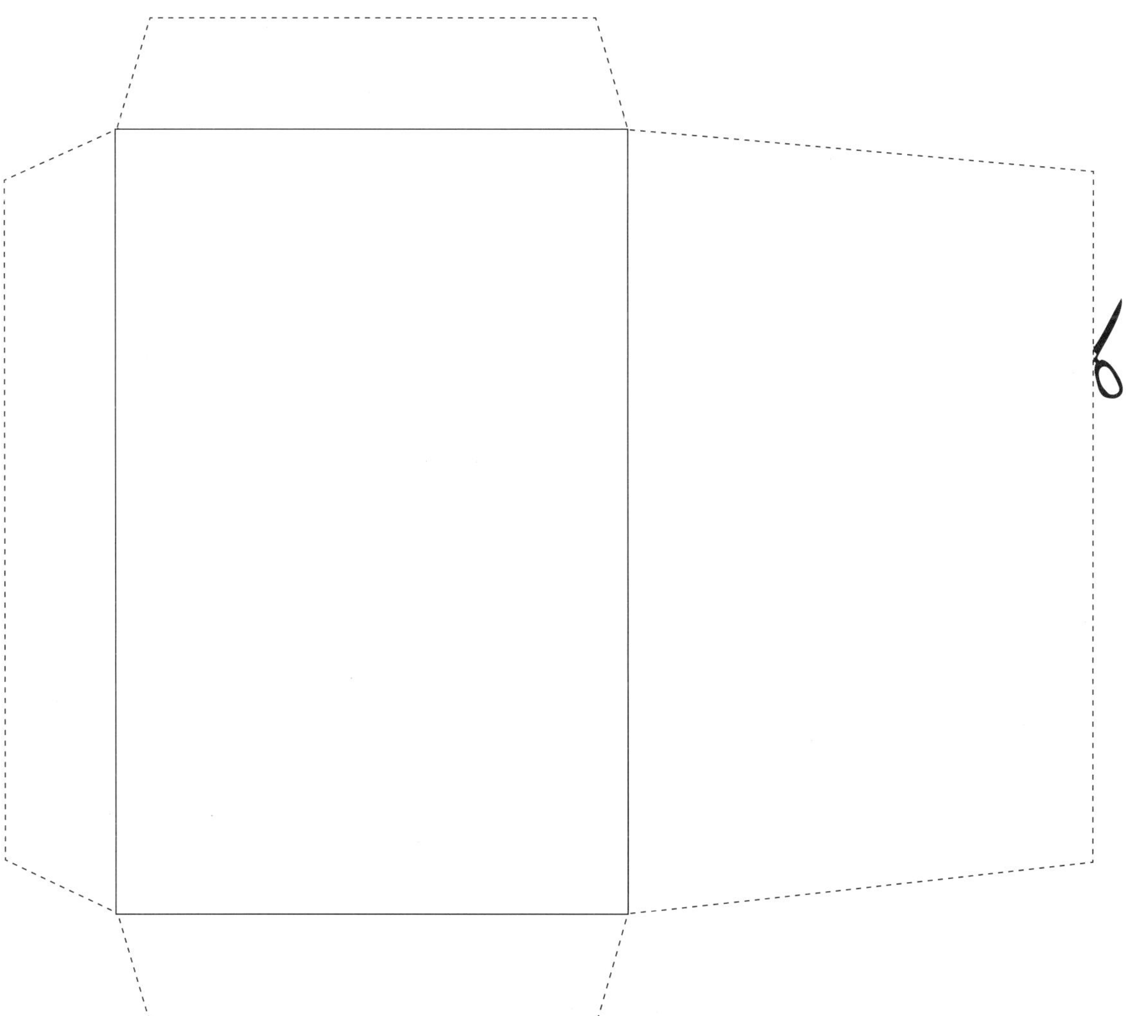

10. Annäherung an das Thema „Tod“

Unterrichtliches Handeln	Sozialform	Medien
Einstieg → Lied: „Jesus, ich bau auf dich“ (Strophe 5) → Impuls: **Jairus dachte schon: „Nun ist alles zu spät. Die Boten sagen, dass meine Tochter gestorben ist.“** Kinder wiederholen	Sitzkreis	Lied (S. 18)
Begegnung → Das Bild wird schweigend im Kreis herumgereicht, die Kinder äußern sich. → Gespräch entstehen lassen, wo Kinder in ihrem Leben schon einmal mit dem Thema Tod konfrontiert worden sind (Haustier, Großeltern ...) → Damit das Reden über dieses schwierige Thema etwas leichter fällt, kann dem erzählenden Kind ein „Handschmeichler“ gereicht werden.	Sitzkreis	Bild (S. 42) Handschmeichler (etwas Weiches – ein kleines Kissen, ein weicher Ball ...)
Vertiefung → **Aktion „Tränen“:** Jedes Kind, das schon einmal einen Verlust durch Tod erlitten hat, darf zu leiser Musik eine ausgeschnittene Träne aus dem Korb nehmen und in die Mitte zur Klassenkerze auf ein Tuch legen. → Gebet, in dem all das Traurige und auch die Sprachlosigkeit der Lehrperson Platz hat (S. 43 oder eigene Formulierung) → Impuls: **Wir haben gehört, dass Jesus stärker ist als der Tod. Der geliebte Mensch oder dein geliebtes Haustier ist zwar nun nicht mehr bei dir, aber ich glaube fest daran, dass mit dem Tod nicht alles zu Ende ist. Die Tochter von Jairus hat Jesus wieder auferweckt. Er hat gezeigt, dass er von Gott die Macht bekommen hat, stärker zu sein als der Tod. Ich kann dir nicht sagen, wie es nach dem Tod weitergeht. Aber ich glaube fest daran, dass die Gestorbenen bei Gott sind.** (Hinweis: Ich halte es theologisch und pädagogisch für durchaus vertretbar, wenn ein Erstklässler darauf vertrauen darf, dass der geliebte Mensch oder das geliebte Tier ohne jede Einschränkung nun bei Gott ist.) → **Aktion „Licht“:** Nun wird ein zweiter Korb herumgereicht. Darin befinden sich Teelichter in kleinen Glasschälchen und ein Stabfeuerzeug. Jedes Kind, das vorher eine Träne in die Kreismitte gelegt hat, stellt nun ein Teelicht auf die Träne und zündet dieses an. → An den Händen fassend wird gesprochen: **Jesus ist stärker als der Tod!**	Sitzkreis	Ruhige Musik, Tränen (S. 43) auf blaues Papier kopiert und ausgeschnitten (mind. so viele, wie es Kinder sind), 1–2 Körbchen, Tuch, Kerze, evtl. Gebet (S. 42) Teelichter in kleinen Glashaltern, Stabfeuerzeug, Körbchen
Sicherung/Gestaltung → Gemeinschaftsplakat: Jesus ist stärker als der Tod: • Jedes Kind erhält eine Sonne mit dem Hinweis, sie mit vielen bunten Farben auszumalen. Schnelle Kinder können die vorgezeichneten Tränenhälften aus dem blauen Papier ausschneiden, wenn Sie sie nicht bereits vorbereitet haben. • Sie befestigen die Tränenhälften mit der Musterbeutelklammer auf dem gelben Tonpapier so, dass sich die Träne aufklappen und schließen lässt. • Im Sitzkreis werden nun gemeinsam die Sonnen in die aufklappbare Träne hineingeklebt. Aus der geöffneten Träne steigen nun leuchtende Sonnen auf, als Zeichen für die tröstende Zusage, dass Jesus stärker ist als der Tod. → Bitte unbedingt darauf hinweisen, dass Tränen völlig normal und in Ordnung sind, wenn jemand stirbt. Es ist traurig, dass der Mensch oder das Tier nicht mehr da ist. Trotzdem noch einmal betonen, dass Jesus den Tod besiegt hat, dass der geliebte Mensch oder das Tier nun bei Gott ist.	Sitzkreis EA Sitzkreis	Großes Tonpapier (gelb o. orange), Buntstifte, Klebstoff, für jedes Kind ein Sonnenmandala (S. 43 oder auch 69), evtl. ruhige Musik, blaues Tonpapier mit einer großen Träne, die der Länge nach halbiert wird, eine Musterbeutelklammer, selbstklebendes Klettband oder Klebefilm

Bildvorlage „Tod“

Gebet zum Vortragen

Lieber Gott,

es ist so furchtbar traurig, wenn ein Mensch oder ein Tier stirbt.
Wir haben den Menschen oder das Tier doch so sehr lieb gehabt.
Wir wollten nicht, dass der Mensch oder das Tier stirbt.
Warum musste das sein?
Du siehst, dass wir ganz traurig sind. Danke, dass du da bist und uns trösten möchtest. Danke, dass wir nicht allein sind mit unseren Tränen, die wir weinen, weil wir so traurig sind.

Amen.

Vorlage für Aktion „Tränen“

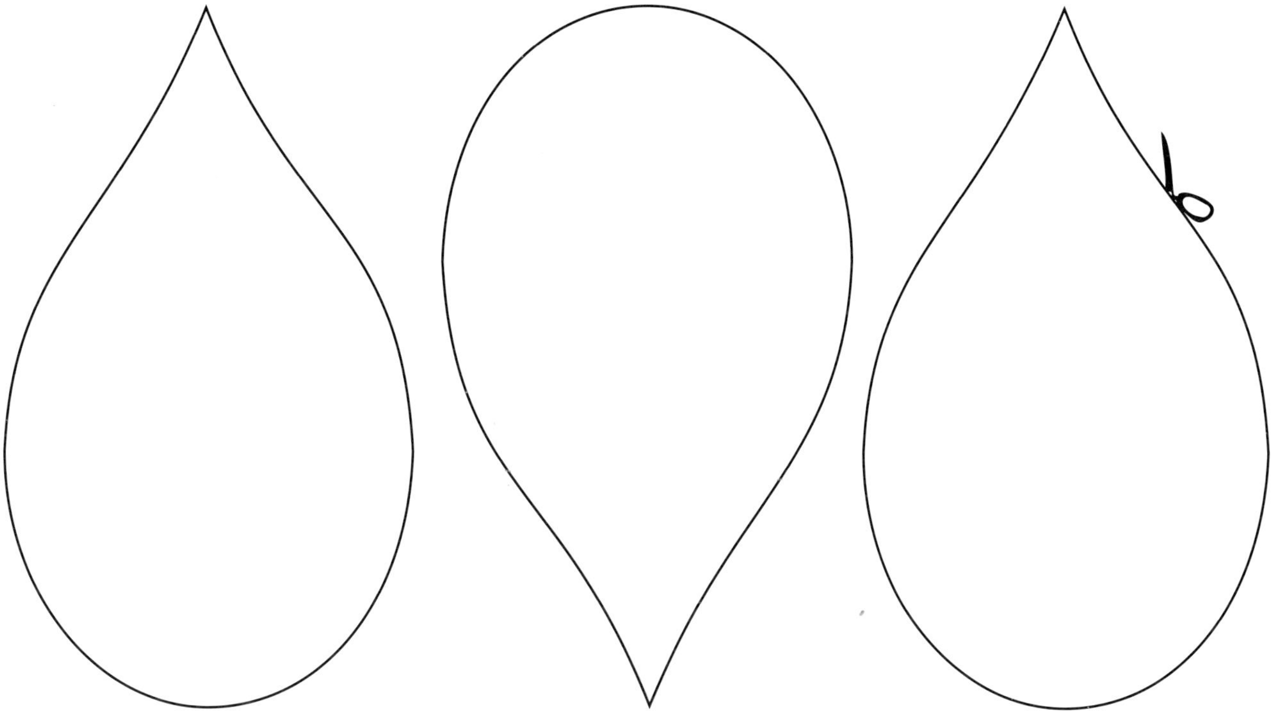

Sonnenmandala

11. Jesus ermöglicht einen Neuanfang – Zachäus

Unterrichtliches Handeln	Sozialform	Medien
Einstieg		
→ Lied: „Jesus, ich bau auf dich" (Strophe 5) → Impuls: **Gut, dass Jesus Kranke heilt und sogar stärker ist als der Tod! Noch etwas anderes an Jesus finde ich total toll. Er kümmert sich nämlich besonders um ganz bestimmte Menschen – Menschen, die keiner mag, mit denen keiner etwas zu tun haben will.**	Plenum	Lied (S. 18)
Begegnung		
→ Szenisches Spiel „Zachäus" → Impuls: **Die Begegnung mit Jesus hat Zachäus' Leben verändert ...** Kinder antworten → Impuls: **Du hast dir sicher gemerkt, wie die Menschen es fanden, dass Jesus sich so viel Zeit für Zachäus genommen hat ...** Kinder antworten	Plenum	Szenisches Spiel (S. 45/46), Tisch und Stuhl, drei Kinder mit jeweils einem Mäppchen, Korb mit Tuch, Teller und Becher
Vertiefung		
→ Impuls: **Die Leute um Zachäus herum hatten ja schon ihre Gründe, warum sie Zachäus nicht mochten ...** Kinder antworten → Impuls: **Wenn ich so über mich nachdenke, dann fällt mir schon die eine oder andere Eigenschaft ein, die meine Mitmenschen auch überhaupt nicht gut finden** (hier am besten eine tatsächliche schlechte Eigenschaft von sich nennen, dann fällt es den Kindern leichter, im Anschluss auch über ihre schlechten Eigenschaften zu sprechen).	Sitzkreis	
→ **Aktion „schlechte Eigenschaften":** Im Vorfeld werden kurz einige schlechte Eigenschaften genannt, die ein Mensch an sich haben kann. Der Reihe nach nimmt jedes Kind einen schwarzen Stein aus einem Körbchen und legt ihn auf ein Tuch in die Mitte. Dazu nennt es eine schlechte Eigenschaft über sich. Fällt einem Kind keine schlechte Eigenschaft über sich ein oder möchte es keine nennen, dann legt es den Stein eben schweigend in die Mitte.		Schwarze Steine oder dunkle Muggelsteine, Tuch für die Mitte, Körbchen
→ Impuls: **Jesus sieht nicht, wie viele Leute um uns, zuerst unsere schlechten Eigenschaften (helles Tuch über die dunklen Steine legen). Er hat uns lieb, so wie wir sind. Ist das nicht toll? Jesus freut sich aber, wenn wir erkennen, dass in unserem Leben etwas nicht richtig läuft, und wenn wir uns verändern wollen, so wie Zachäus.**		helles Tuch (möglichst gelb), um die Steine zu überdecken
→ Lied: „Jesus, ich bau auf dich" (Strophe 6)		Lied (S. 18)
Sicherung/Gestaltung		
→ **Spiegelfolie „Ich bin geliebt":** Jedes Kind erhält ein Stück selbstklebende Spiegelfolie für sein Heft. Über die linke oder rechte obere Ecke wird folgender Textstreifen geklebt: **Ich bin geliebt, so wie ich bin!** Alternativ schreiben die Kinder selbst mit Folienstift. → Wegstreifen: **Jesus liebt Zachäus so, wie er ist. Zachäus erkennt aber, dass er einiges in seinem Leben in Ordnung bringen muss.**	EA	Für jedes Kind ein Stück selbstklebende Spiegelfolie (Baumarkt!), Folienstifte oder Textstreifen „Ich bin geliebt" (S. 6), Wegstreifen und Textstreifen (S. 6)

Szenische Lehrererzählung „Zachäus" (nach Lk 19, 1–10)

Requisiten:

- ➔ Tisch, Stuhl
- ➔ drei Mäppchen
- ➔ Korb mit einem Tuch, einem Becher und einem Teller
- ➔ Umhang für Zachäus

Sie schlüpfen als Erzähler in die Rolle des Zachäus. Drei Kinder (davon mindestens ein Mädchen) spielen mit.
Zachäus sitzt an seinem Zolltisch und wartet auf „Kundschaft":

Hallo, darf ich mich vorstellen: Mein Name ist Zachäus.

So, mal schauen, wann die nächsten Leute hier in unsere schöne Stadt Jericho kommen wollen. Sie müssen erst mal hier bei mir an der Zollstation vorbei. Hier bei mir müssen sie ihre Sachen verzollen, die sie auf unserem Markt verkaufen wollen. Was, ihr wisst nicht, was „verzollen" bedeutet? Na, das kann ich euch ganz genau erklären: Also, verzollen bedeutet, dass jeder, der in unserer schönen Stadt auf dem Markt etwas verkaufen möchte, erst einmal mir dafür Geld abgeben muss. Leider, leider muss ich von dem Geld ziemlich viel den Römern abgeben, die hier die Chefs in der Stadt sind. Die Leute, also die israelischen Leute, mögen die Römer nicht, weil die Römer ständig Geld von ihnen wollen. Kann ich ja ein bisschen verstehen. Aber blöd ist, dass die Leute mich auch nicht mögen, weil ich ja für die Römer arbeite. Na ja, ich gebe zu, dass ich außerdem öfter mal ein bisschen mehr Geld von den Leuten verlange, als sie eigentlich bezahlen müssten. Das wandert dann in meine eigene Tasche. Den Leuten bleibt aber gar nichts anderes übrig, als zu zahlen. Sonst lasse ich sie nicht in die Stadt und auf den Markt. Und da müssen sie ja hin, weil sie ihre Waren verkaufen wollen.

Ach, da sehe ich ja drei Leute, die in die Stadt wollen. Jetzt kann ich wieder gut was verdienen. Ich habe es übrigens schon zu ziemlichem Reichtum gebracht. Jawohl, ich bin ein sehr reicher Mann. Nur mit den Freunden, da schaut es bei mir schlecht aus. Ich fühl mich manchmal ziemlich einsam.

Die drei Kinder kommen zu Zachäus und stellen sich der Reihe nach an den Tisch.
An das erste Kind gewandt, sagt Zachäus:

Guten Tag, was haben Sie denn Schönes zu verzollen? Aha, ein schönes Täschchen. Na, da geben Sie mir doch mal bitte fünf Denare. Vielen Dank.

Zachäus mustert das zweite Kind (ein Mädchen) von oben bis unten und spricht zu sich selbst:

Die hat aber ein schönes Gewand an, und ihre Haare sind echt hübsch. Da will ich mal nicht so viel verlangen.
(Zum Kind) Guten Tag, schöne Frau. Was haben Sie denn zu verzollen? Ach, auch ein Täschchen. Dann bekomme ich bitte einen Denar von Ihnen. Haben Sie vielen Dank.

Zachäus winkt das dritte Kind heran und spricht dann erst einmal wieder zu sich selber:

Da fällt mir ein, ich wollte mir doch noch diese schicken Sandalen kaufen. Die waren aber ziemlich teuer. Aber macht nichts, ich weiß schon, wie ich an das Geld komme …
(Zum Kind) Guten Tag, haben Sie auch etwas zu verzollen? Schon wieder so ein Täschchen. Ja, dann geben Sie mir doch bitte zwölf Denare. Vielen Dank.

Wahrscheinlich protestieren hier schon die ersten Kinder. Zachäus murmelt noch einmal vor sich hin:

Ich weiß einfach nicht, warum mich keiner leiden mag …

Kurz Äußerungen der Kinder aufnehmen.

Ja, sagt mal, was ist denn das für ein Trubel? Was sagen die Leute da? Jesus kommt nach Jericho? Mensch, den wollte ich schon so lange mal reden hören. Scheint ja ein echt toller Mann zu sein, dieser Jesus. Da muss ich unbedingt hin.

Zachäus steht von seinem Stuhl auf und läuft durch die Bankreihen der Kinder.

Mann, ist das voll hier, überall Menschen. Ich will auch was sehen. Leider bin ich nicht sonderlich groß. Das hat mich bisher nicht gestört, aber jetzt hab ich überhaupt keine Chance, über die vielen Köpfe hinwegzusehen.
He, ich hab 'ne Idee! Da vorne steht doch der große Maulbeerfeigenbaum an der Straße. Das ist die Gelegenheit. Ich klettere einfach rauf und hab die beste Sicht von allen.

Zachäus steigt auf einen Stuhl. Dieser kann auch ruhig zwischen den Tischen der Kinder stehen, sodass die Kinder sich in die richtige Richtung mitdrehen.

Ha, jetzt kann ich tatsächlich gut sehen. Da hinten, da kommt Jesus ja schon. Mensch, ist das aufregend. Nanu, weshalb bleibt Jesus denn jetzt stehen und auch noch genau unter meinem Baum? Hat er was vergessen? Ach du meine Güte! Er schaut zu mir hoch. Was sagt er da? „Komm schnell herunter, Zachäus! Ich will heute dein Gast sein!"

Wie bitte? Jesus will zu mir nach Hause kommen? Ich darf sogar für ihn ein Essen zubereiten lassen? Er will MEIN Gast sein? Ich fasse es nicht! Sonst will doch auch niemand zu mir kommen. Kein Mensch will sonst Gast bei mir sein. Die meisten sind doch froh, wenn sie nichts mit mir zu tun haben.
Und jetzt will Jesus ausgerechnet zu mir?
Das lass ich mir nicht zweimal sagen!

Zachäus klettert von seinem „Baum" und winkt den imaginären Jesus zu sich.

Komm, Jesus, ich führ dich zu meinem Haus.

Zachäus bereitet den Tisch mit einem Tuch, einem Becher und einem Teller.

Greif zu, Jesus, lass es dir schmecken. Ich bin so glücklich, dass du mein Gast bist!

Zachäus legt eine Hand ans Ohr und horcht nach draußen.

Was wollen die Leute denn da draußen? Jetzt kommen die tatsächlich auch noch rein und sprechen Jesus an. Was sagen sie: „Warum nur gehst du zu so einem schlechten Menschen?"?

He, die meinen mich mit „schlechtem Menschen" … *(Zachäus spricht niedergeschlagen)* Aber eigentlich haben sie ja auch Recht. Ich bin wohl wirklich ein schlechter Mensch. Aber ich verspreche: Ich gebe die Hälfte von allem, was ich besitze, den Armen. Und allen, die ich betrogen habe, gebe ich viermal soviel zurück."

Seid mal leise, Jesus schaut mich an und sagt: „Das ist ein Freudentag für dich und deine ganze Familie. Obwohl du ein verachteter Zolleinnehmer bist, hat Gott dich lieb. Und darum bin ich zu dir gekommen: Ich will die Menschen retten, die keiner mag, die verspottet werden und die Fehler machen."

12. Du darfst bei uns nicht mitspielen

<table>
<tr><th>Unterrichtliches Handeln</th><th>Sozialform</th><th>Medien</th></tr>
<tr><td>Einstieg
→ Lied „Jesus, ich bau auf dich“ (Strophe 6)
→ „Außenseiter-Gummibärchen“: Stellen Sie auf einen Teller so viele Gummibärchen auf, wie es Schüler sind, eines davon aber ein wenig abseits von den restlichen Gummibärchen. Die Kinder äußern sich dazu und kommen (hoffentlich – sonst ein bisschen nachhelfen) darauf, dass ein Gummibärchen ein Außenseiter ist.
→ Die Gummibärchen werden anschließend gemeinsam gegessen. Dazu wiederholen die Kinder kurz die Zachäusgeschichte.</td><td>Sitzkreis</td><td>Lied (S. 18)

Gummibärchen (so viele wie Schüler – am besten alle in der gleichen Farbe, bis auf eines, den Außenseiter), Teller</td></tr>
<tr><td>Begegnung
→ Geschichte „Tina darf nicht mitspielen“
→ Kurze Assoziationen der Kinder (Wie endet die Geschichte?; Lag das Ausgegrenztwerden hier vielleicht auch ein bisschen an Tina?)
→ Impuls: Vielleicht ging es dir ja auch schon mal so ähnlich wie Tina … Kinder berichten von Erlebnissen, bei denen sie sich ausgrenzt gefühlt haben. (Manchmal wird man auch ausgegrenzt, ohne vorher irgendetwas falsch gemacht zu haben, z.B. weil man anders aussieht)
→ Impuls: Zachäus ging es auch so. Er fühlte sich von allen Menschen ausgegrenzt.</td><td></td><td>Geschichte (S. 48)</td></tr>
<tr><td>Vertiefung
→ Standbilder: In Gruppen zu ungefähr 4 Kindern (je nach Klassengröße) wird ein Standbild gestellt. Es soll deutlich zu erkennen sein, dass einer ausgegrenzt ist und die anderen mit ihm nichts zu tun haben wollen. Achtung! Jeder in der Gruppe soll mal den Ausgegrenzten darstellen. Evtl. kann immer einer die Rolle des Regisseurs übernehmen.
→ Impuls: Ein bisschen hat jeder jetzt nachfühlen können, wie sich Zachäus und auch Tina gefühlt haben. Doch Zachäus hat durch Jesus erfahren dürfen, dass er geliebt ist, so wie er ist – auch mit seinen Fehlern. Ob Tina das auch weiß, dass Jesus sie liebt, so wie sie ist? Ich bin mir sicher, dass Jesus ihr auch dabei helfen kann, nicht mehr so oft zu petzen.
→ Lied „Komm und feier“</td><td>GA

Plenum oder Sitzkreis</td><td>

Lied (S. 49)</td></tr>
<tr><td>Sicherung/Gestaltung
→ Freundschaftsband: Jedes Kind bastelt ein Freundschaftsband. Dazu darf jeder aus drei Kugeln auswählen, diese auf ein Band fädeln und die beiden äußeren Kugeln mit einem Knoten fixieren.
→ Freundschaftsbänder werden im Sitzkreis verteilt: Ein Kind läuft zu einem anderen Kind, mit dem es eigentlich sonst nie oder nur selten spielt, und reicht ihm sein Freundschaftsband mit den Worten: „Jesus liebt dich, so wie du bist!“ Beim Anbinden am Arm helfen Sie oder andere Kinder.
→ Zum Abschluss kann noch einmal „Komm und feier“ gesungen werden.</td><td>EA

Sitzkreis</td><td>Lederband oder anderes dünnes Band (schon zugeschnitten für jedes Kind, ca. 25 cm lang), Körbchen mit Kugeln in mindestens drei verschiedenen Farben (Farben sollten auch für Jungen geeignet sein!)

Lied (S. 49)</td></tr>
</table>

Vorlesegeschichte „Tina darf nicht mitspielen“

Tina trödelt beim Frühstück. Sie will eigentlich gar nicht in die Schule. Schule ist doof! Echt doof! Dabei ist sie ja gar nicht mal schlecht in der Schule. Das Lernen macht ihr schon ziemlich Spaß, und die Lehrerin ist auch nett. Wenn da nur nicht immer die Pausen wären!
Aber es hilft ja nichts. Jetzt muss sie halt doch los. Mama drängt schon und setzt Tina ihren Schulranzen auf.
In den ersten beiden Stunden haben sie heute Mathe. Mathe macht Tina ganz besonders Spaß. Sie ist gut im Kopfrechnen. Die Lehrerin lobt sie.
Aber da ertönt der Gong zur Pause. Langsam kramt Tina ihr Pausenbrot aus der Schultasche und geht dann ebenso langsam auf den Pausenhof.
Ein paar Mädchen und Jungs spielen Fangen. Martina und Svenja haben ein Hüpfseil dabei. Schüchtern tritt Tina zu den beiden und nimmt ihren ganzen Mut zusammen: „Darf ich auch mitspielen?“ Martina und Svenja ziehen ihre Augenbrauen hoch und zögern: „Eigentlich wollten wir mit Teresa Hüpfseil springen. Frag halt mal die anderen, ob du beim Fangen mitspielen darfst.“
Mit hängenden Schultern geht Tina auf die anderen zu. Bevor sie überhaupt fragen kann, ob sie beim Fangen mitspielen darf, ruft ihr Thorsten schon zu. „Nee, Tina, das ist jetzt ganz schlecht, wir sind schon so viele.“
So geht das fast jede Pause. Tina darf nur ganz selten mitspielen.
Es stimmt schon, Tina ist vielleicht nicht die Schnellste im Sport, und beim Hüpfseilspringen stößt sie auch oft an das Seil, sodass wieder neu angefangen werden muss mit Schwingen.
Und ja, es stimmt auch, dass Tina gerne mal bei der Lehrerin die anderen verpetzt.
Und trotzdem fühlt sie sich doch so allein. Jedes Mal, wenn der Pausengong wieder ertönt, ist sie froh, dass diese blöden Pausen endlich zu Ende sind.
Doch was sieht sie da? Fatima und Johanna sitzen gemütlich im Schatten auf der Bank und essen ihr Pausenbrot. Ob sie es vielleicht wagen soll, sich zu ihnen zu setzen? Werden die beiden Tina wieder wegschicken? Erst neulich hatte Tina Johanna bei der Lehrerin verpetzt, weil sie Tauschkarten mit in die Schule gebracht hat, obwohl das ja verboten ist. Unsicher blickt sie Fatima und Johanna in die Augen. Freundlich schauen die beiden Tina an …

Lied „Komm und feier“

Text und Musik: Daniel Kallauch

2. Wenn du blonde Haare hast,
drehe dich im Kreis. *Rum, rum, rum …*

3. Wenn du Sommersprossen hast,
hüpf auf einem Bein. *Hüpf, hüpf, hüpf …*

4. Wenn du große Füße hast,
rufe laut „Hurra!“ *„Hurra!“*

5. Wenn du Geschwister hast,
steh auf einem Bein, *Hey, hey, hey …*

13. Jesus vergleicht Gott mit einem Hirten

Unterrichtliches Handeln	Sozialform	Medien
Vorbemerkung: Jetzt schon mal anfangen, für die übernächste Stunde **(15. Jesus hat die Kinder ganz besonders lieb)** Prospekte mit Kinderabbildungen zu sammeln. Sie können auch die Kinder bitten, ein Foto von sich mitzubringen.		
Einstieg → Lied: „Komm und feier" → Impuls: **Das ist wirklich toll, dass Gott uns so liebt, wie wir sind, sogar mit allen unseren Macken. Manchmal finde ich es aber schon ein bisschen schwierig, mir Gott so richtig vorzustellen.**	Sitzkreis	Lied (S. 49)
Begegnung → Impuls: **Jesus hat den Menschen viel von Gott erzählt. Und er hat auch gemerkt, dass die Menschen sich oft schwer tun damit, sich Gott vorzustellen. Deshalb hat Jesus ihnen eine Hilfe gegeben. Er hat Gott einfach verglichen mit etwas oder jemandem, den die Leute sich gut vorstellen konnten. Hast du vielleicht eine Idee, mit wem oder was man Gott gut vergleichen kann?** → Plakat, auf dem quer über das Blatt geschrieben steht **Gott ist wie ...**: Zu den Schülerantworten werden von der Lehrperson kleine Piktogramme gemalt. Die Kinder sollen ihre Antworten begründen: „Warum meinst du denn, dass Gott ist wie ...?"	Sitzkreis	Tonpapier oder einfach vier DIN-A4-Seiten zusammengeklebt, dicker Filzstift oder Permanentmarker
Vertiefung → Impuls: **Jesus fand den Vergleich mit einem Hirten sehr passend.** (Ein Hirte wird auf das Plakat skizziert.) **Er hat den Menschen erzählt, Gott ist wie ein Hirte. Damals war der Beruf des Hirten noch viel verbreiteter. Heute sieht man nur noch ganz selten Hirten (oder Schäfer – das ist das gleiche)**. → Kurzes Gespräch: Wer hat schon einmal einen Hirten/Schäfer gesehen? – Was ist die Aufgabe eines Hirten? – Wie stellst du dir einen Hirten vor? → Geschichte: „Über das Leben eines Hirten" → Impuls: **Jetzt weißt du, weshalb Jesus Gott mit einem Hirten verglichen hat ...** Kinder antworten	Sitzkreis	Geschichte (S. 51), evtl. Hut
Sicherung/Gestaltung → Gemeinschaftsplakat: Wir gehören zu Gottes Schafherde → Kinder können wählen, welches Schaf am besten zu ihnen passt → Schafe werden mit Watte beklebt → Jedes Schaf bekommt ein Namensschild umgehängt, auf das das Kind seinen Namen schreibt; dazu in das Namensschild mit dem Locher zwei Löcher machen und eine Schnur anknoten. → Hirte ist entweder schon ausgeschnitten oder wird von einem schnellen Kind ausgeschnitten → Schnelle Kinder malen den Hirten aus, am besten mit Wachsmalkreide. → Impuls: **Jesus sagt, dass Gott wie ein guter Hirte ist. Er freut sich über jeden Menschen, egal ob Erwachsener oder Kind, der auch zu seiner „Schafherde" gehören möchte. Gott möchte für alle Schafe gut sorgen und auf sie aufpassen.** → Alle Schafe auf ein grünes Plakat zusammen mit dem Hirten aufkleben (oder den Hirten direkt an die Wand pinnen, Schafe drum herum). → Überschrift: **Wir gehören zu Gottes Schafherde.** → Noch einmal darauf aufmerksam machen, dass Gott nicht wie ein Hirte ausschaut, sondern wie ein Hirte IST!	Sitzkreis EA Plenum	Zwei Bögen grünes Tonpapier aneinanderkleben (je nach Klassengröße evtl. sogar drei), kopierte Schafe (S. 53), kleine Papierstücke für die Namensschilder, Locher, Schnüre (zugeschnitten, ca. 20 cm), Hirte (S. 52) auf DIN A3 kopiert und möglichst schon ausgeschnitten, Watte, Wachsmalkreide, Klebstoff, Stifte

Lehrererzählung „Über das Leben eines Hirten“

Sie nehmen als Erzähler die Rolle eines Hirten ein (evtl. einen Hut aufsetzen).

Hallo zusammen. Mein Name ist Josua. Mir wurde gesagt, ich soll euch ein bisschen was von meinem Beruf erzählen. Also gut, wird gemacht:

Ich bin Hirte, und mein Arbeitsalltag schaut folgendermaßen aus:
Als Erstes, wenn ich morgens aufstehe, zähle ich meine Schafe, ob sie noch alle da sind. Schließlich könnte ja in der Nacht ein Wolf gekommen sein, um sich ein Schaf zu holen.
Oder eines meiner Schafe ist ausgerissen, dann muss ich mich natürlich gleich auf die Suche machen.

Nach dem Zählen – und glaubt mir, ich kenne jedes Schaf bei seinem Namen, obwohl es 100 sind – schaue ich nach, ob es den Schafen auch allen gut geht.

Die kleinen Lämmer sollen ausreichend bei ihren Mamaschafen trinken. Die alten Schafe muss ich gut im Auge behalten, um zu sehen, ob sie auch noch fit genug sind, um mit den anderen mitzuhalten. Manche Schafe müssen sogar medizinisch versorgt werden; das heißt, dass ich schon mal das ein oder andere Bein schienen oder verbinden muss.

Ja, und dann, wenn ich gesehen habe, dass alle Tiere fit sind, dann gehts los auf die nächste saftige, frische Weide. Da müssen wir natürlich erst hinlaufen. Und das ist meistens ganz schön weit. Ich pfeife nach meinem Hund Nathan, und auf gehts!

Da müssen wir steile Wege entlang, über Felsen, manchmal über Bäche, und das ist oft nicht ungefährlich! Immer muss ich alle Schafe im Auge behalten. Nathan hilft mir dabei natürlich.

Oft ist es aber so, dass ich die kleinen Lämmer tragen muss, weil sie den Weg über Felsen oder Bäche noch nicht schaffen. Das ist ganz schön anstrengend. Aber glaubt mir, bevor ich das Leben eines meiner Schafe gefährden würde, nehme ich ein Tier lieber fünfmal zu oft auf meine Schultern als einmal zu wenig. Jedes Schaf ist mir gleich wichtig! Keines würde ich jemals auf dem Weg zurücklassen. Nie!!!

Und wisst ihr, wie schön es ist, wenn wir dann endlich alle gemeinsam die frische neue Weide erreicht haben? Es ist eine so große Freude, den Schafen zuzuschauen, wie sie genüsslich das leckere Gras fressen und am Bach mit dem frischen klaren Wasser ihren Durst löschen. Da kann ich mich getrost auf meinen Hirtenstab stützen und auch ein wenig verschnaufen.

Ja, bei all der vielen, anstrengenden Arbeit habe ich doch meinen Beruf sehr gerne, denn jedes einzelne Schaf habe ich in mein Herz geschlossen, ich liebe es und würde es niemals im Stich lassen!

Bildvorlage „Hirte“

(Vergrößern Sie den Hirten auf DIN A3.)

Bildvorlage „Schafe“

(Vergrößern Sie jedes Schaf auf DIN A4.)

14. Das verlorene Schaf

Unterrichtliches Handeln	Sozialform	Medien
Einstieg ➔ Lied: „Komm und feier" ➔ Impuls: **Damit die Menschen sich Gott besser vorstellen können, hat Jesus ihnen eine Hilfestellung gegeben ...** Kinder antworten (Jesus vergleicht Gott mit einem Hirten.) ➔ Impuls: **Sicher findest du auch, dass der Vergleich mit einem Hirten sehr gut zu Gott passt ...** Kinder beschreiben noch einmal die Eigenschaften eines Hirten (Fürsorge ...)	Sitzkreis	Lied (S. 49)
Begegnung ➔ Ein schwarzes/dunkelbraunes Schaf wird in die Mitte gelegt. ➔ Impuls: **Ich möchte euch gerne Sam vorstellen. Sam gehört zu Josuas Schafherde. Und Sam hat etwas wirklich sehr Spannendes erlebt, aber das möchten Josua und Sam euch sicher selber erzählen.** ➔ Erzählung „Sam, das schwarze Schaf" ➔ Impuls: **Wie groß doch die Freude bei dem Hirten war, dass er Sam wiedergefunden hat. Du erinnerst dich sicher, was er da alles getan hat ...** Kinder zählen auf (Schaf gestreichelt, umarmt, hochgehoben, den ganzen Weg auf den Schultern getragen ...) ➔ Impuls: **Nun ist das Schaf wieder wohlbehalten bei der Herde des Hirten.** ➔ Das schwarze Schaf wird von einem Kind zum Gemeinschaftsplakat der letzten Stunde dazugeklebt.	Sitzkreis	Schaf (Papierschafvorlage von S. 53, mit einem dunklen Fell oder dunklem Stoff beklebt oder schwarz ausgemalt), Erzählung (S. 55), evtl. Hut, Plakat aus der letzten Stunde
Vertiefung ➔ Impuls: **Jesus hat diese Geschichte den Menschen erzählt, um ihnen noch deutlicher klarzumachen, wie Gott ist, der ja wie ein Hirte zu uns ist ...** Kinder versuchen, das Gleichnis zu deuten (im Folgenden wird ihnen die Bedeutung aber noch klarer werden; es ist also nicht schlimm, wenn an dieser Stelle von den Kindern noch keine richtige Deutung genannt wird). ➔ Impuls: **Jesus macht den Menschen klar, dass Gott genau die Menschen ganz besonders liebt, die von den anderen Menschen verachtet werden und die sonst keiner liebt. Du hast schon einen Menschen kennengelernt, der richtig verachtet wurde von seinen Mitmenschen ...** Kinder antworten (Zachäus) ➔ Gebet: In der 11. Unterrichtsstunde zu Zachäus wurde bei der Aktion „schlechte Eigenschaften" schon über die eigenen Macken nachgedacht, deshalb wird hier im Gespräch nicht mehr näher darauf eingegangen. Im Gebet kommt dies allerdings noch einmal zur Sprache. ➔ Lied „Jesus, ich bau auf dich" (Strophe 7)	Sitzkreis	Gebet (S. 56) Lied (S. 18)
Sicherung/Gestaltung ➔ **Heftwerkstatt:** Ein schwarzes Schaf wird entweder mit dunklem Fell/Stoff beklebt oder schwarz ausgemalt und dann eingeklebt. ➔ Wegstreifen: **Gott lässt mich nicht im Stich, auch wenn ich mich manchmal nicht richtig verhalte.**	EA	Für jedes Kind ein kopiertes Schaf (S. 53); wenn möglich dunkle Stoff- oder Fellreste, ansonsten Buntstifte; Klebstoff; Wegstreifen; evtl. Textstreifen (S. 6)

Lehrererzählung „Sam, das schwarze Schaf" (vgl. Lk 15, 1–7)

Sie schlüpfen wieder in die Rolle des Hirten Josua (evtl. wieder mit Hut):

Hej, hier bin ich wieder. Ihr kennt mich ja noch. Ich bin Josua, der Hirte. Und ich hab euch diesmal jemanden mitgebracht. Das hier ist Sam. Sam heißt eigentlich Samuel, aber Sam lässt sich besser rufen. Und glaubt mir, das ist bei Sam ziemlich wichtig – das Rufen. Wie ihr seht, ist Sam das einzige schwarze Schaf in meiner Herde. Und er ist was ganz Besonderes. Nicht, dass ich ihn weniger lieb oder sogar lieber hätte als die anderen Schafe. Nein, ich habe alle gleich lieb. Nur bei Sam, da muss ich schon öfters mal schimpfen. Er ist nämlich ein kleiner Schlawiner, der meint, ständig ausbüxen zu müssen. Er ist total neugierig und möchte sich immer alles ganz genau anschauen. Und so war das auch neulich. Magst du weitererzählen, Sam?

Sie nehmen das schwarze Schaf in die Hand und erzählen so, als würde das Schaf erzählen:

Hi, ich bin also, wie ihr schon gehört habt, Sam. Und ich gebe zu, ich bin ein bisschen neugierig. Neulich war auch wieder so ein Tag, an dem meine Neugier ziemlich groß war.
Das war nämlich so: Alle Schafe um mich herum haben gefressen, gedöst, gefressen, gedöst, gefressen … Mann, war das ein langweiliger Nachmittag! Keiner wollte mit mir spielen. Irgendwie hab ich den Eindruck, dass mich viele nicht so richtig mögen, weil ich doch das einzige schwarze Schaf in der Herde bin. Nur mein Hirte, der macht da gar keinen Unterschied. Der hat mich wirklich genauso lieb wie die anderen. Das spür ich ganz genau!
Aber jetzt zurück zu diesem ollen, langweiligen Nachmittag: Keiner hat mich also beachtet; und deshalb dachte ich mir, ich schau mal nach, ob es da hinter dem Hügel, gleich neben unserer Weide was Interessantes zu sehen gibt. Gedacht, getan. Schon war ich auf der anderen Seite des Hügels. Keiner hats gemerkt. Ich dachte: „Mmmh, hier ist das Gras ja viel grüner und saftiger und leckerer. Aber da vorne ist ja noch ein Hügel. Mal schauen, ob das Gras dahinter noch saftiger, grüner und leckerer ist." Mit ein paar Sprüngen war ich also auch hinter dem zweiten Hügel; und dann kam noch ein Hügel und noch ein Hügel und noch ein Hügel. Und hinter jedem hat das Gras noch ein bisschen leckerer geschmeckt. Und schöne Blumen gabs da. Die waren erst lecker!
Irgendwann war ich dann schon ganz schön müde und hab mich an einen Grashügel gekuschelt. Tja, und dann muss ich wohl eingeschlafen sein. Jedenfalls als ich wieder aufgewacht bin, wars total dunkel um mich herum. Ich wollte mich schleunigst wieder auf den Nachhauseweg machen. Aber plötzlich wusste ich gar nicht mehr, aus welcher Richtung ich gekommen war. Wo waren bloß all die Schafe aus meiner Herde, wo war Nathan, unser Hund, und vor allem, wo war mein Hirte?
Ich habs echt richtig mit der Angst zu tun bekommen. Was ist, wenn mich jetzt ein wildes Tier findet? Ich wusste überhaupt nicht mehr, was ich tun sollte. Völlig verzweifelt hab ich mich in einen Busch verkrochen. Glaubt mir, normalerweise bin ich kein Angsthase, äh, Angstschaf. Aber jetzt hatte ich echt richtig, richtig Angst.
Ich weiß gar nicht mehr, wie lange ich da verzweifelt in dem Busch zusammengekauert saß; aber plötzlich hab ich, erst ganz leise, dann immer lauter eine Stimme gehört, die rief: „Sa-am, Sa-am, wo bist du nur?" Das war doch die Stimme von Josua, meinem Hirten. Oder hatte ich mich getäuscht? Nein, da hörte ich wieder die Stimme: „Sam, wo bist du nur, mein Schäfchen, komm zu mir!"
Ich stieß ein klägliches „Mäh, mäh" aus, aber Josua hats trotzdem gehört. Er eilte schnell herbei, fand mich in dem Busch, zog mich vorsichtig heraus und drückte mich liebevoll an sich. War ich froh! Er streichelte mich und hob mich dann auf seine Schultern. Jetzt war ich in Sicherheit!
Ich hab auch richtig gemerkt, dass sich Josua total gefreut hat, mich wiederzusehen. Immerhin hatte er alle restlichen 99 Schafe allein mit Nathan zurückgelassen, um MICH, Sam, zu suchen – und das, wo ich doch sonst auch immer mal wieder irgendwelche doofen Sachen anstelle und nicht das allerbravste Schaf bin. Aber Josua war ich so wichtig, dass er mich überall gesucht hat und dann den ganzen Weg auch noch nach Hause getragen hat.
Voller Freude hat er hinterher allen Menschen, denen er begegnet ist, erzählt: „Freut euch mit mir! Mein Schaf war verloren. Aber ich hab es wiedergefunden."

Gebet zum Vortragen

Einleitende Worte: Die Kinder werden kurz darauf vorbereitet, dass im Gebet eine Stelle vorkommt, an der sie still, wenn sie das möchten, Gott um Vergebung bitten können, für etwas, bei dem sie genau wissen, dass das nicht in Ordnung war. Noch einmal darauf hinweisen, dass Gott sich wahnsinnig freut über jeden, der einsieht, dass er etwas falsch gemacht hat. Niemand braucht Angst zu haben, dass etwas für Gott zu schlimm war. Gott nimmt jeden bei sich auf!

Hinweis: Die Kinder sollen jedoch nicht das Gefühl haben, sie müssen unbedingt Gott etwas beichten. Alles ist freiwillig! Man kann im Stillen auch einfach nur beten: Lieber Gott, bitte vergib mir, wenn ich etwas falsch gemacht habe.

Lieber Gott,

danke, dass du ein liebender und guter Gott bist, der uns Menschen so sehr liebt wie ein Hirte seine Schafe.
Danke, dass du uns niemals im Stich lässt, auch wenn wir manchmal Dinge tun, mit denen du nicht einverstanden bist.
Danke, dass du uns vergibst, wenn wir dich darum bitten.
Und danke, dass du uns dann in deine liebenden Arme nimmst und uns zeigst, dass wir immer noch zu dir gehören. Genauso hat auch das schwarze Schaf Sam immer noch zu seiner Herde gehört, auch als es abgehauen ist, obwohl es wusste, dass das nicht erlaubt ist.

Wir wollen dich, Gott, nun still um Vergebung bitten, da, wo wir wissen, dass etwas in unserem Verhalten nicht in Ordnung war.

Lasst uns einen Augenblick still sein.

Danke, lieber Gott, dass du immer auch die stillen Gebete hörst.
Und danke, dass du uns schon vergeben hast. Danke, dass ich dein Schaf sein darf.

Amen.

15. Jesus hat die Kinder ganz besonders lieb

Unterrichtliches Handeln	Sozialform	Medien
Einstieg → Lied „Jesus, ich bau auf dich“ (Strophe 7) → Stummer Impuls: **Schwarzes Schaf wird noch einmal in die Mitte gelegt ...** Kinder wiederholen → Impuls: **Schau mal, ob dir das bekannt vorkommt, was ich dir jetzt vorspielen werde ...**	Plenum oder Sitzkreis	Lied (S. 18)
Begegnung → Sie spielen zwei kleine Szenen vor: L. Zeitung lesend: „Menschenskinder, kann man denn nicht mal in Ruhe seine Zeitung lesen? Du siehst doch, dass du gerade störst ...“ L. mit Kochlöffel im Topf rührend: „Du, ich hab grad überhaupt keine Zeit. Vielleicht später ...“ → Entweder erzählen die Kinder gleich spontan, dass sie Ähnliches schon erlebt haben, oder Impuls: **Dir kommt das, was ich gerade vorgespielt habe, bestimmt bekannt vor ...** Kinder antworten → Erzählung „Jesus segnet die Kinder“	Plenum oder Sitzkreis	Stuhl, Zeitung, Tisch, Topf, Kochlöffel Erzählung (S. 58)
Vertiefung → Impuls: **Jesus hat die Kinder nicht weggeschickt ...** Kinder wiederholen (beim Stichwort „segnen“ die Kinder noch einmal die Bedeutung von Segnen erklären lassen: Gott beschütze dich!) → Impuls: **Jesus hat die Kinder nicht gefragt: „Was kannst du denn Tolles? Hast du gute Noten in der Schule? ...“ Nein! Er hat jedes Kind lieb, so wie es ist. Zu ihm darf jedes Kind kommen. Auch du darfst immer zu ihm kommen und mit ihm reden. Du störst Jesus nicht – NIEMALS!** → Lied: Gott mag Kinder (kurzer Impuls zur Einführung des Liedes: **Ich habe dir ein Lied mitgebracht, in dem heißt es „Gott mag Kinder“. Jesus ist Gottes Sohn; und genauso lieb, wie dich Jesus hat, so hat auch Gott dich lieb. Jesus und Gott gehören zusammen.**)	Plenum oder Sitzkreis	Lied (S. 59)
Sicherung/Gestaltung → **Heftwerkstatt:** Bild „Jesus segnet die Kinder“, dazu werden Kinderköpfe aus Prospekten ausgeschnitten und um das Bild geklebt → Ideal wäre es, wenn jedes Kind entweder ein Foto von seinem Gesicht mitbringt und dazuklebt oder Sie von den Kindern ein Foto machen und es ausdrucken können. So erhält jeder sein ausgeschnittenes Gesicht und kann es aufkleben. (Das Bild kann auch für die nächste Stunde ausgedruckt werden und nachträglich eingeklebt werden.) → Wegstreifen: **Ich störe Jesus nicht! Ich darf IMMER zu ihm kommen!**	EA	Bild für jedes Kind (S. 60), Kinderbilder aus Prospekten, nach Möglichkeit Foto von jedem Kind, evtl. eigene Kamera Wegstreifen für jedes Kind (S. 6)

Lehrererzählung „Jesus segnet die Kinder" (nach Mk 10, 13–16)

Sie nehmen als Erzähler sowohl die Rolle von Jakob als auch von Benni ein, indem Sie jeweils Ihren Standort wechseln und so deutlich machen, welche Rolle Sie gerade spielen.

Jakob: Hej, ich bin Jakob. Ich bin grad ziemlich mies drauf. Ich wollte mit Opa spielen, der ist aber gerade auf dem Feld beschäftigt und hat mich wieder weggeschickt. Dann bin ich zu Mama gelaufen, in der Hoffnung, dass sie vielleicht Zeit für mich hat. Aber sie backt gerade unsere Fladenbrote für heute. Anschließend habe ichs bei meiner Tante probiert, die bei uns um die Ecke wohnt. Die hatte aber auch keine Zeit für mich, weil sie Wäsche auf ihrem Haus aufgehängt hat *(kleine Anmerkung einschieben: Du erinnerst dich ja an die israelischen Häuser von damals.)*. Und dann hat sie auch noch gesagt: „Merkst du denn nicht, dass du gerade störst?" Da bin ich echt ganz schön wütend geworden. Keiner hat Zeit für mich! Blöde Erwachsene! Immer meinen die, dass wir nur stören. Ich hätte ja auch was helfen können. Aber nein, weggeschickt haben sie mich alle. Nun sitz ich also hier und langweile mich – und ärgern tu ich mich auch!
Ach, da kommt ja Benni, mein Freund.
Hej Benni, na, haben dich die Erwachsenen auch weggeschickt, weil sie finden, dass du störst?

Benni: Nee, ich wollte dir nur kurz Bescheid sagen, dass heute dieser Jesus in unser Dorf kommt, von dem sie alle erzählen. Magst du mitkommen? Meine Mama will auch mit. Sie möchte mich und meine kleine Schwester zu Jesus bringen, damit er uns segnet.

Jakob: Wie „segnet"? Was heißt das denn?

Benni: Na, das bedeutet, dass Jesus uns die Hand auf den Kopf legt und uns unter den besonderen Schutz Gottes stellt.

Jakob: Aha! Und was soll ich da?

Benni: Na, erstens langweilst du dich ja eh gerade, und zweitens kann es ja nicht schaden, wenn Jesus dich auch segnet. Jetzt sei kein Frosch und komm mit!

Jakob: Also gut, ich komm ja schon.

Erzähler läuft ein bisschen herum.

Benni: Schau mal, da vorne bei den vielen Leuten, da muss es sein.

Jakob: Ja, du hast recht, ich glaube, ich kann Jesus schon sehen. Und guck mal, da ist Hanna mit ihrem Papa. Bestimmt will er Hanna auch von Jesus segnen lassen.
Meine Güte, da kommen ja immer mehr Mamas und Papas mit ihren Kindern.

Benni: He, was sind denn das für Wächter? Die lassen uns gar nicht durch zu Jesus.

Jakob: Nee, das sind doch die Jünger von Jesus. Sie sagen, dass Jesus jetzt keine Zeit für Kinder hat. Wir würden ja doch nur stören. Na, das ist ja mal wieder typisch. Hab ichs mir doch gedacht. Nie haben die Erwachsenen Zeit für uns Kinder. Dieser Jesus ist auch nicht besser als die anderen.

Benni: Was ist denn das? Schau mal, Jakob, Jesus wird ja total zornig. Er ruft: „Lasst die Kinder zu mir kommen! Gerade für sie hat Gott das Himmelreich bereitet. Wenn ihr nicht Gott vertraut, wie die Kinder es tun, könnt ihr nie ins Himmelreich kommen."

Jakob: Mann, ist das aufregend! Jesus schiebt ja sogar seine Jünger weg. Er streckt uns Kindern die Arme entgegen. He, ich darf mich sogar auf Jesus' Schoß setzen. Er nimmt sich tatsächlich Zeit für uns. Das ist echt megaspitze.
Und jetzt, jetzt legt er seine Hand auf meinen Kopf, genau wie Benni es vorhin beschrieben hat. Mir wirds ganz wohlig, kribbelig warm in meinem Herzen. Jesus segnet mich.
Er möchte, dass Gott mich ganz besonders beschützt. Ich bin ihm wichtig!
Jesus ist DOCH anders als alle anderen Erwachsenen. Zu ihm darf ich kommen.
IHN störe ich nicht!

Lied: „Gott mag Kinder“

Text und Musik: Daniel Kallauch
© cap-music, 72221 Haiterbach-Beihingen

2. Gott hat alles in der Hand,
jedermann, in jedem Land.
Gott schützt alle, das ist klar,
auch uns Kinder, das ist wahr!

3. Gott hat einen guten Weg,
für jeden Menschen, der ihn geht.
Gott führt alle, das ist klar,
auch uns Kinder, das ist wahr!

Bildvorlage „Jesus und die Kinder“

16. Jesus lehrt uns beten

Unterrichtliches Handeln	Sozialform	Medien
Vorbemerkung: Diese Einheit wird zwei Stunden in Anspruch nehmen		
Einstieg → Lied: „Gott mag Kinder" → Impuls: **Einen gibt es, der sagt nicht zu dir: „Jetzt nicht, ich hab keine Zeit für dich" …** Kinder antworten und wiederholen noch einmal kurz die Geschichte aus der letzten Stunde	Plenum (oder Sitzkreis)	Lied (S. 59)
Begegnung → Impuls: **Die Jünger damals fanden es super, dass Jesus so richtig toll mit Gott gesprochen hat. Sie selber beteten oft nur auswendig gelernte Gebete, aber Jesus redete mit Gott wie mit einem Freund, ja sogar wie mit einem Vater. Er hat Gott tatsächlich „Abba" genannt, das bedeutet „Papa". Die Jünger wollten auch gerne so beten können wie Jesus, deshalb hat Jesus ihnen einen Vorschlag gemacht für ein Gebet, in dem alles Wichtige steckt. Dieses Gebet konnten die Jünger zu Gott sprechen, wenn ihnen die richtigen Worte fehlten und sie aber trotzdem mit Gott reden wollten. Dieses Gebet wird heute immer noch gebetet. Hör mal gut zu, ich hab es dir mitgebracht …** → Das Vaterunser wird aus einer Bibel vorgelesen (evtl. haben Sie ja eine alte, imposante Familienbibel, sonst geht natürlich auch jede andere). → Erklären Sie die einzelnen Abschnitte des Vaterunsers kurz (Anregungen dazu s. Erklärungen an den Stationen, S. 62/63).	Plenum (oder Sitzkreis)	Bibel
Vertiefung Arbeiten an Stationen, dabei entsteht ein Vaterunser-Leporello: 1. Station: Vater oder Mutter – ein Foto aussuchen 2. Station: Krone ausmalen und verzieren 3. Station: Kinderkette 4. Station: Herz, darauf ein Beispiel schreiben oder malen, was Gottes Wille sein könnte (z.B. einander helfen …) 5. Station: Brot ausmalen oder Zahlenrätsel 6. Station: Vergebung mit Farben darstellen 7. Station: Bild „Hände reichen" 8. Station: Stoppschild ausmalen 9. Station: auf ein schwarzes Quadrat bunte Schnipsel aufkleben 10. Station: Sonnenmandala 11. Station: „So sei es" + Ausrufezeichen	Stationenarbeit (EA)	benötigte Materialien (S. 64–70)
Sicherung/Gestaltung → Präsentieren des Vaterunser-Leporellos → Vaterunser mit Bewegungen lernen → Ernsthaftes Beten des Vaterunsers, so wie jeder möchte (mit oder ohne Bewegungen; mit geschlossenen oder offenen Augen …) ACHTUNG: **„Bete das Vaterunser nur mit, wenn du auch wirklich mit Gott reden möchtest. Wenn dir gerade nicht nach Beten ist, dann sei einfach ganz still und störe die Kinder nicht, die ernsthaft beten wollen."** (Dadurch möchte ich erreichen, dass das Vaterunser nicht einfach gedankenlos heruntergeleiert wird.)	Stehkreis	Fertige Leporellos, Vorlage „Vaterunser mit Bewegungen" (S. 70)

Das Vaterunser an Stationen

Leporello-Bastelanleitung:
Wenn möglich bereiten Sie die Leporellos bereits vorher vor.

- ➔ Aus einem Tonpapier (DIN A2) können vier Leporellos zugeschnitten werden: einfach das Tonpapier der Länge nach halbieren, dann die beiden Hälften noch einmal der Länge nach halbieren, sodass vier gleich lange Streifen entstehen.
- ➔ Der Streifen wird nun zu einem Leporello gefaltet: einmal kurze Seite auf kurze Seite falten, dann bis zur Faltlinie sowohl auf der rechten als auch auf der linken Seite drei gleich große Seiten durch Falten entstehen lassen. Insgesamt sind so 12 Seiten (Vorder- und Rückseite, je ca. 10 x 10 cm) entstanden, die mit Titelseite genau für das Vaterunser benötigt werden.
- ➔ Mit den Kindern (oder schon im Vorfeld) die Seitenzahlen klein jeweils in die obere rechte Ecke der Seiten schreiben.
- ➔ Auf der Titelseite gestalten die Kinder den Schriftzug „Mein Vaterunser-Leporello“ farbig (S. 70).
- ➔ Die folgenden Seiten werden von den Kindern dann an den Stationen gestaltet: Es wird jeweils etwas eingeklebt und darunter der passende Satz aus dem Vaterunser als Textstreifen aufgeklebt.
- ➔ Legen Sie an jeder Station die aufgeführten Materialien und die passenden Textstreifen (S. 70) bereit. Kindern, die schon gut lesen können, können Sie auch den Bogen mit Textstreifen zum Selbst-Ausschneiden und -Zusortieren geben.

Besprechen Sie die Stationen zu Beginn sowohl noch einmal inhaltlich zum Vaterunser (siehe kursiv gedruckte Erklärungen) als auch, was gebastelt/gemalt werden soll.
✋ = Aufgabenstellung; ✂ = benötigte Materialien

1. **Vater unser im Himmel:**
   Gott ist wie ein Vater (aber auch wie eine Mutter!).
   Stelle ich mir Gott eher wie einen Vater oder wie eine Mutter vor? (Beides ist richtig!)
   ✋ Jedes Kind wählt ein Bild aus.
   ✂ Fotos von Vätern und Müttern mit ihren Kindern (S. 67)

2. **Geheiligt werde dein Name:**
   Du bist groß, du bist unser König, Gott!
   ✋ Krone ausmalen und verzieren: Jedes Kind darf sich aus einem Schälchen fünf Strasssteine nehmen, die es auf seine Krone klebt.
   ✂ Kronenvorlage kopiert (S. 67), in einem Schälchen flache Schmucksteinchen

3. **Dein Reich komme:**
   Wir wünschen uns, dass alle Menschen in Frieden miteinander leben. Dort, wo wir jetzt schon in Frieden miteinander leben, da bist du mitten unter uns, da ist dein Reich schon Wirklichkeit.
   ✋ Kinderkette: entweder bereits kopiert zum Ausmalen oder Kinderkette selbst herstellen: Blatt mit halbem Kind auf einen Papierstreifen kleben, diesen in Blattbreite wie einen Fächer falten; dann Kind ausschneiden, aber nicht an den gestrichelten Linien!
   ✂ Kinderkette kopiert (S. 67)
   ✂ oder Vorlage für das Basteln einer Kinderkette (S. 67) – dann müssen Sie jedoch beim Besprechen der Station erklären, wie so eine Kinderkette gebastelt wird

4. **Dein Wille geschehe, wie im Himmel so auf Erden:**
   Was ist Gottes Wille? (Beispiele mündlich sammeln)
   ✋ Auf ein Herz ein Beispiel schreiben und Herz bunt ausmalen (z.B. ich teile, ich helfe, ich tröste …)
   ✂ Herzen auf weiße Blätter kopiert (S. 67)

5. Unser tägliches Brot gib uns heute:
Wir bitten um das, was wir zum Leben brauchen.
✋ Erstklässler: Brot-Malvorlage ausmalen; Zweitklässler oder Erstklässler, die die Zahlen bis 47 schon können: Zahlenrätsel „Brot“
✂ Zahlenrätsel „Brot“ kopiert (S. 68)
✂ Für Erstklässler Ausmalbild „Brot“ kopiert (S. 68)

6. Und vergib uns unsere Schuld:
Wie fühle ich mich, wenn mir Gott alles vergeben hat, was ich Schlechtes getan habe? Eine Malerin hat hier gemalt, wie sie sich fühlt, wenn Gott ihr vergeben hat (gemeinsam das Bild von S. 68 betrachten – auf die fröhlichen Farben achten!)
✋ Mit Farben (Bunt-, Wachsmal- oder Filzstifte) wird ein Bild gestaltet, das auch „Vergebung“ heißen könnte.
✂ Kleine quadratische, weiße Blätter

7. Wie auch wir vergeben unseren Schuldigern:
Ich reiche dir die Hand zur Vergebung, nur so kann Frieden entstehen. Hier sehr einfühlsam vorgehen, denn nicht jedes Kind kann sofort vergeben, wenn ihm Böses angetan wurde. Man kann Gott aber auch darum bitten, dass er dabei hilft, zu vergeben, wenn mir Böses angetan wurde. Dies kann aber auch ein langer Prozess sein und braucht oft viel Zeit!
✋ Bild „Hände“: entweder Foto auslegen oder Illustration ausmalen und einkleben lassen
✂ Bild „Hände“ kopiert, entweder farbig als Foto oder zum Ausmalen (S. 69)

8. Und führe uns nicht in Versuchung:
Hilf uns, zu widerstehen, wenn wir etwas tun wollen, das nicht richtig ist.
✋ Stoppschild ausmalen (ein farbiges oder bereits ausgemaltes Stoppschild als Vorlage bereitlegen)
✂ Stoppschilder zum Ausmalen kopiert (S. 69)

9. Sondern erlöse uns von dem Bösen:
Das Böse soll verschwinden (mit den Kindern kurz besprechen, was alles böse ist: Gewalt, böse Worte, Krieg, Neid, ...). Den Kindern soll die Symbolik der Farben (schwarz steht für Böses; bunt steht für Gutes) klar sein!
✋ Auf schwarzes Papier bunte Transparentpapierschnipsel kleben
✂ schwarze Tonpapierquadrate
✂ eine Box mit vielen bunten Transparentpapierstücken (diese können von den Kindern noch klein gerissen werden, jedoch nicht zu klein, da das Aufkleben sonst zu viel Zeit in Anspruch nimmt!)

10. Denn dein ist das Reich und die Kraft und die Herrlichkeit in Ewigkeit:
Danke, dass es dich gibt und dass du immer für uns da bist.
✋ Sonnenmandala wird mit vielen bunten Farben ausgemalt
✂ Sonnenmandala kopiert (S. 43 oder S. 69)

11. Amen:
Noch einmal darauf hinweisen, dass Amen „So sei es/Der Meinung bin ich auch!“ bedeutet.
✋ Ausrufezeichen anmalen und „So sei es!“ dazuschreiben
✂ Ausrufezeichen kopieren (S. 69)
✂ Schriftzug „So sei es!“ kopieren (S. 69)

Stationenkarten „Vaterunser“ (1/3)

Station 1

Vater unser im Himmel,

Ist Gott für dich wie ein Vater oder wie eine Mutter?

1. Wähle 1 passendes Foto aus. Klebe es auf Seite 2 deines Leporellos.
2. Klebe an den unteren Rand den Satzstreifen **„Vater unser im Himmel,“**.

Station 2

geheiligt werde dein Name.

Gott ist groß und mächtig. Er ist der König aller Könige!

1. Male die Krone aus, und verziere sie mit **5** Schmucksteinchen. Klebe sie auf Seite 3 deines Leporellos.
2. Klebe an den unteren Rand den Satzstreifen **„geheiligt werde dein Name“**.

Station 3

Dein Reich komme.

Gottes Reich fängt schon jetzt an, wenn wir in Frieden miteinander leben.

1. Male die Kinderkette aus, und klebe sie auf Seite 4 deines Leporellos. Wenn du willst, kannst du auch selbst eine Kinderkette basteln.
2. Klebe an den unteren Rand den Satzstreifen **„Dein Reich komme“**.

Station 4

Dein Wille geschehe, wie im Himmel so auf Erden.

Überlege dir, was Gottes Wille sein könnte.

1. Schneide ein Herz aus, und schreibe darauf deinen Vorschlag. Male das Herz bunt aus, und klebe es auf Seite 5 deines Leporellos.
2. Klebe an den unteren Rand den Satzstreifen **„Dein Wille geschehe, wie im Himmel so auf Erden“**.

Stationenkarten „Vaterunser“ (2/3)

Station 5

Unser tägliches Brot gib uns heute.

Wir dürfen Gott um alles bitten, auch dass wir täglich genug zu essen haben.

1. Wenn du schon die Zahlen bis 47 kennst, löse das Zahlenrätsel. Klebe es auf Seite 6 deines Leporellos. Oder du malst das Brot aus und klebst es ein.

2. Klebe an den unteren Rand den Satzstreifen **„Unser tägliches Brot gib uns heute“**.

Station 6

Und vergib uns unsere Schuld,

Gott vergibt mir alles Böse. Dann kann ich mich wieder richtig gut fühlen! Ich bin wie ein neuer Mensch.

1. Wie fühlt es sich an, wenn Gott dir alles Böse vergeben hat? Versuche, dieses Gefühl nur mit Farben auf dem kleinen weißen Blatt zu gestalten. Klebe das Blatt auf Seite 7 deines Leporellos.

2. Klebe an den unteren Rand den Satzstreifen **„Und vergib uns unsere Schuld,“**.

Station 7

wie auch wir vergeben unseren Schuldigern.

Auch wir wollen vergeben, wenn uns jemand geärgert hat. So können wir in Frieden miteinander leben.

1. Zwei Menschen reichen sich zur Versöhnung die Hände. Klebe das Bild ein, und male es an. Du kannst ruhig viele bunte Farben verwenden. Klebe das Bild dann auf Seite 8 deines Leporellos.

2. Klebe an den unteren Rand den Satzstreifen **„wie auch wir vergeben unseren Schuldigern“**.

Station 8

Und führe uns nicht in Versuchung,

Gott, hilf uns dabei, nichts Unrechtes zu tun.

1. Schneide das Stoppschild aus, und male es richtig an. Die Vorlage hilft dir dabei. Klebe das Schild dann auf Seite 9 deines Leporellos.

2. Klebe an den unteren Rand den Satzstreifen **„Und führe uns nicht in Versuchung,“**.

Stationenkarten „Vaterunser“ (3/3)

Station 9

sondern erlöse uns von dem Bösen.

Gott, wir bitten dich, dass alles Böse verschwinden soll.

1. Nimm ein schwarzes Blatt, und beklebe es mit vielen bunten Papierschnipseln. Anschließend klebst du das Blatt auf Seite 10 deines Leporellos.
2. Klebe an den unteren Rand den Satzstreifen **„sondern erlöse uns von dem Bösen“**.

Station 10

Denn dein ist das Reich und die Kraft und die Herrlichkeit in Ewigkeit.

Du bist so wunderbar, Gott! Danke, dass es dich gibt!

1. Male das Sonnenmandala mit vielen bunten Farben aus. Es soll zeigen, wie wunderbar es ist, dass es Gott gibt! Klebe es auf Seite 11 deines Leporellos.
2. Klebe an den unteren Rand den Satzstreifen **„Denn dein ist das Reich und die Kraft und die Herrlichkeit in Ewigkeit“**.

Station 11

Amen.

Amen bedeutet: „So sei es!“

1. Male das Ausrufezeichen bunt aus, und klebe es auf Seite 12 deines Leporellos. Dazu schreibst du die Übersetzung von Amen: So sei es! Oder du klebst den Textstreifen dazu.
2. Klebe an den unteren Rand den Wortstreifen **„Amen“**.

Bildvorlagen „Vaterunser“ (1/3)

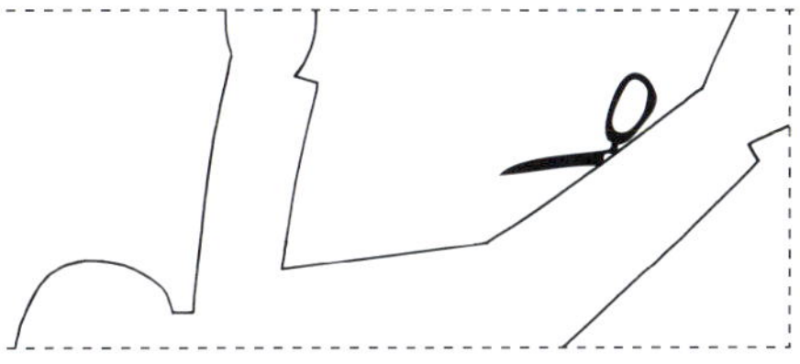

Bildvorlagen „Vaterunser" (2/3)

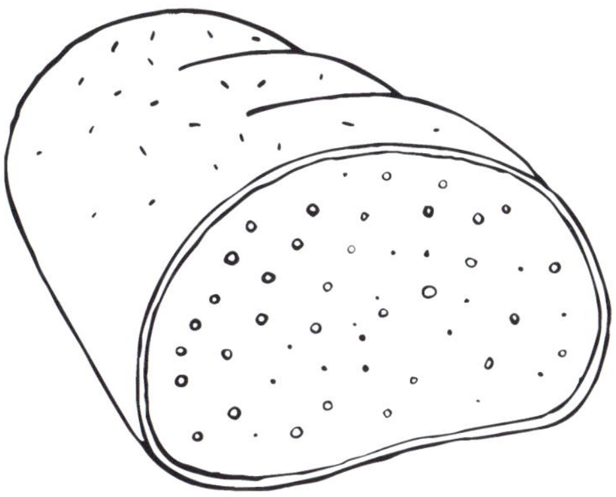

Bildvorlagen „Vaterunser“ (3/3)

So sei es!

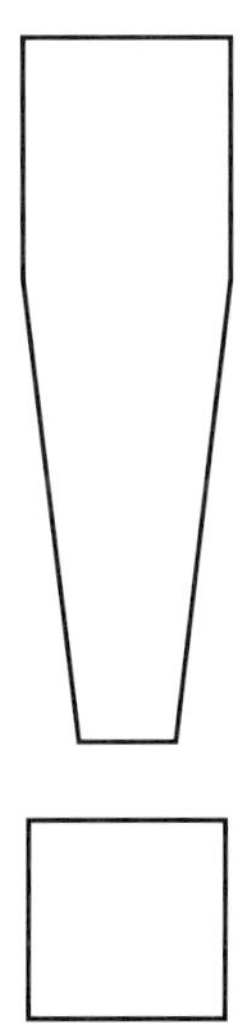

Textstreifen für das Vaterunser-Leporello

Vater unser im Himmel,	Dein Reich komme.
geheiligt werde dein Name.	Dein Wille geschehe, wie im Himmel so auf Erden.
Unser tägliches Brot gib uns heute.	Und vergib uns unsere Schuld,
Und führe uns nicht in Versuchung,	wie auch wir vergeben unseren Schuldigern.
sondern erlöse uns von dem Bösen.	Amen.
Denn dein ist das Reich und die Kraft und die Herrlichkeit in Ewigkeit.	Mein Vaterunser-Leporello

Das Vaterunser mit Bewegungen

Im Stehkreis:

VATER UNSER IM HIMMEL, – *offene Hände zum Himmel strecken*
GEHEILIGT WERDE DEIN NAME. – *ein Knie beugen*
DEIN REICH KOMME. – *Arme zur Seite hin ausstrecken*
DEIN WILLE GESCHEHE, – *Hände ballen und Daumen nach oben*
WIE IM HIMMEL SO AUF ERDEN. – *zuerst nach oben zeigen, dann nach unten zeigen*
UNSER TÄGLICHES BROT GIB UNS HEUTE. – *Hände zur Schale formen*
UND VERGIB UNS UNSERE SCHULD, – *Arme gekreuzt vor der Brust*
WIE AUCH WIR VERGEBEN UNSEREN SCHULDIGERN. – *beide Hände ineinander verhaken und hin und her schütteln*
UND FÜHRE UNS NICHT IN VERSUCHUNG, – *Hände abwehrend ausstrecken*
SONDERN ERLÖSE UNS VON DEM BÖSEN. – *beide Arme kreuzen und dann schnell nach oben und zur Seite hin auflösen*
DENN DEIN IST DAS REICH UND DIE KRAFT UND DIE HERRLICHKEIT IN EWIGKEIT. – *beide Arme ausgestreckt langsam vor dem Körper von unten nach oben führen*
AMEN. – *einmal bekräftigend mit dem Kopf nicken*

Bist du ein Jesus-Experte? (1/2)

Name: ______________________ Klasse: __________ Datum: ____________

1. Als Jesus gelebt hat, gab es bei den israelischen Häusern große Unterschiede zu unseren Häusern heute. Kreuze die richtigen Antworten an.

☐ Die Häuser hatten Flachdächer.
☐ Es gab einen Fahrstuhl, um auf das Dach zu kommen.
☐ Die Tiere hatten im vorderen Teil des Hauses ihren Platz.
☐ Die Menschen hatten weiche Betten zum Schlafen.
☐ Auf den Flachdächern konnte man gut Wäsche trocknen.

☐ /5P

2. Der Beruf eines Fischers war damals, als Jesus gelebt hat, ganz schön anstrengend. Nenne zwei Gründe, warum das so war.

☐ /2P

3. Die Jünger haben sich gefragt: „Wer ist wohl dieser Jesus, dass ihm sogar Wind und Wellen gehorchen?" Kannst du ihnen eine Antwort geben?

☐ /1P

4. Jesus hat Bartimäus geheilt. Was fehlte dem Mann?

☐ /1P

Bist du ein Jesus-Experte? (2/2)

5. Der gelähmte Mann hatte vier Freunde, die ihn zu Jesus gebracht haben. Doch das Haus war so voll, dass sie nicht bis zu Jesus kamen. Einer der Freunde hatte eine tolle Idee. Welche war das?

☐/1P

6. Jairus bittet Jesus, seine kranke Tochter zu heilen. Doch die Tochter stirbt. Ist nun alles zu spät? Schreibe auf, was nun passiert ist.

☐/1P

7. Zachäus möchte sein Leben mit Jesus neu beginnen. Kannst du dich noch an den Beruf des Zachäus erinnern?

☐/1P

8. Jesus vergleicht Gott mit einem guten Hirten. Kannst du zwei Gründe nennen, warum dieser Vergleich sehr gut passt?

☐/2P

Viel Erfolg!

Gesamtergebnis ☐/14P